A violência doméstica em África

O ENSINO DO DIREITO PENAL EM CONTEXTO MULTICULTURAL

A violência doméstica em África

O ENSINO DO DIREITO PENAL EM CONTEXTO MULTICULTURAL

2023

Nuno Poiares
Oficial Superior da PSP e Professor Universitário
Pós-doutorado em Direitos Humanos (IGC/CDH-FDUC)
Doutor em Sociologia do Direito Penal (ISCTE-IUL)
Especialista em Direito Penal (Decreto-Lei n.º 206/2009, de 31 de agosto)
Mestre em Direito Penal (FDUL) e em Sociologia (U. Évora)

ALMEDINA

A VIOLÊNCIA DOMÉSTICA EM ÁFRICA
O ensino do Direito Penal em contexto multicultural
AUTOR
Nuno Poiares
EDITOR
EDIÇÕES ALMEDINA, S.A.
Avenida Emídio Navarro, 81, 3D
3000-151 Coimbra
Tel.: 239 851 904 · Fax: 239 851 901
www.almedina.net · editora@almedina.net
DESIGN DE CAPA
FBA.
PRÉ-IMPRESSÃO
EDIÇÕES ALMEDINA, S.A.
IMPRESSÃO E ACABAMENTO

Junho, 2023

ISBN
978-989-40-1301-3

DEPÓSITO LEGAL
????????/23

ALMEDINA | GRUPOALMEDINA

Há pois bons fundamentos para sustentar a obrigação
de as autoridades judiciárias
indagarem se o agente pertence a um dado grupo etnocultural,
se este adota e de que modo adota a tradição,
uso ou prática cultural em questão e qual o grau de vinculação
do agente a essa tradição, uso ou prática.
Há nisto um sentido de justiça que não deve ser ignorado.

AUGUSTO SILVA DIAS, 2016: 222.

ÍNDICE

AGRADECIMENTOS

Uma primeira palavra de agradecimento é devida à minha orientadora científica, a Senhora Professora Catedrática Doutora Maria Fernanda Palma, uma referência incontornável no domínio do Direito Penal, pelo seu Saber, apoio, rigor, exemplo e aconselhamento.

Ao Senhor Professor Catedrático Doutor Eduardo Vera-Cruz Pinto (presidente) e ao Senhor Professor Doutor Ricardo Tavares da Silva (arguente), pela tolerância e pelos importantes ensinamentos e sugestões, aquando da discussão em provas públicas.

Aos *Mestres* da FDUL, com quem aprendi e *cresci* no curso de especialização em Direito Penal do curso de mestrado em Direito e Prática Jurídica, em particular o Senhor Professor Catedrático Doutor Paulo de Sousa Mendes, regente da UC de Direito Penal V.

Às Edições Almedina, por terem acreditado na relevância social e científica do tema.

Ao Senhor Dr. Luís Almeida, diretor da Biblioteca do ISCPSI, pelo apoio na pesquisa de títulos bibliográficos essenciais para a consolidação do *Estado da Arte* do objeto de estudo.

Ao Subintendente Nuno Pica dos Santos, doutorando em ciências jurídico-criminais na FDUL, pela amizade, a inspiração e as reflexões estimulantes no âmbito do Direito Penal.

A todos os Professores do ISCPSI que, com o seu Saber, têm contribuído para a formação integral dos Oficiais de Polícia de Angola, Cabo Verde, Guiné-Bissau, Moçambique, Portugal, São Tomé e Príncipe e, mais recentemente, Timor-Leste (2022-2023), contribuindo para uma Polícia norteada pelo primado da dignidade da pessoa humana.

Aos colegas da Direção de Ensino do ISCPSI, pelo apoio na recolha das fichas da unidade curricular de Direito Penal.

Aos informantes privilegiados, pela amizade com que decidiram corresponder ao nosso pedido de apoio académico: o Senhor Professor Rui Pereira; os Senhores Superintendentes Roldão Boa Morte, Samuel António e Kiakisiki Nascimento; e o Senhor mestre Ângelo Cambundo.

E, por fim, aos alunos dos Países Amigos de Língua Oficial Portuguesa, que frequentavam o ISCPSI no ano letivo de 2020-2021, cuja colaboração foi essencial para a concretização da presente investigação.

A todos(as), muito Obrigado!

SIGLAS E ABREVIATURAS

AA.VV.	Autores vários
Ac.	Acórdão
A3ES	Agência de Avaliação e Acreditação do Ensino Superior
ANG	Angola
art., arts.	Artigo, artigos
CC	Código Civil
CEJ	Centro de Estudos Judiciários
CEPOL	*European Union Agency for Law Enforcement Training*
cf.	Confira, confronte, conforme
CFOP	Curso de Formação de Oficiais de Polícia
cit., cits.	Citado, citada, cita-se, citação, citações
CP	Código Penal
CMICP	Curso de Mestrado Integrado em Ciências Policiais
CPP	Código de Processo Penal
CRP	Constituição da República Portuguesa
CV	Cabo Verde
DNPSP	Direção Nacional da Polícia de Segurança Pública
ed., eds.	Edição, edições; editora, editoras
e. g.	*exempli gratia* (por exemplo)
et al.	*et alii* (e outros)
ESP	Escola Superior de Polícia
FDUL	Faculdade de Direito da Universidade de Lisboa
FCT	Fundação para a Ciência e Tecnologia
FUC	Ficha da Unidade Curricular
GAAP	Gabinete de Apoio Psicopedagógico do Corpo de Alunos
GB	Guiné Bissau
i. e.	*Id est* (isto é)

ISCPSI	Instituto Superior de Ciências Policiais e Segurança Interna
MAI	Ministério da Administração Interna
MP	Ministério Público
MZ	Moçambique
nº, nºs	número, números
org.	Organizador, organização
PALOP	Países Africanos de Língua Oficial Portuguesa
p., pp.	Página, páginas
PNCVD	Plano Nacional Contra a Violência Doméstica
PJ	Polícia Judiciária
PSP	Polícia de Segurança Pública
rev.	Revisão, revista
ST	São Tomé e Príncipe
s., ss.	Seguinte, seguintes
séc.	Século
SEF	Serviço de Estrangeiros e Fronteiras
UC	Unidade Curricular, Unidades Curriculares
VBG	Violência Baseada no Género
VD	Violência Doméstica
v.g.	*Verbi gratia* (por exemplo)
vol., vols.	Volume, volumes

Introdução

A presente Obra corresponde, com algumas alterações, a uma dissertação de mestrado em Direito Penal, submetida no dia 1 de setembro de 2021 à Faculdade de Direito da Universidade de Lisboa, e defendida, em provas públicas, no dia 20 de abril de 2023, perante um júri constituído pela Senhora Professora Catedrática Doutora Maria Fernanda Palma (Orientadora), o Senhor Professor Catedrático Doutor Eduardo Vera-Cruz Pinto (Presidente) e o Senhor Professor Doutor Ricardo Tavares da Silva (Arguente). Nesse âmbito, entendemos ser cientificamente relevante o desenvolvimento de um estudo inserido no quadro da prática jurídico-penal e que, em simultâneo, contribuísse para o conhecimento relativamente ao diálogo entre o Direito Penal e o ensino superior em Portugal, num contexto policial e multicultural, *i.e.*, o Curso de Formação de Oficiais de Polícia, ministrado, desde 1984, na Escola Superior de Polícia, atual Instituto Superior de Ciências Policiais e Segurança Interna.

A delimitação do tema foi inspirada num artigo da Professora Maria Fernanda Palma, publicado em 1999 na *Revista Portuguesa de Ciência Criminal*, subordinado ao tema *Do sentido histórico do ensino do Direito Penal na Universidade Portuguesa à Atual Questão Metodológica*, onde demonstrou, a partir das *Institutiones Juris Criminalis Lusitani*, de Melo Freire[1], o que foi o ensino do Direito Penal[2], quais foram as teorias predominantes e as res-

[1] Freire, 1794 *cit in* Palma, 1999a: 355.

[2] Maria Fernanda Palma define o Direito Penal como um conjunto de normas que se autonomizam no Ordenamento Jurídico por atribuírem a certos factos descritos pormenori-

petivas influências científicas e filosóficas, assim como as *teorias práticas do crime* que resultaram das lições dos mestres[3]. Neste artigo a Autora aborda uma questão conexa, que não seria respondida naquelas páginas, que foi a de saber o efeito que um certo ensino do Direito Penal poderá *produzir* na sociedade do seu tempo[4]. Esta questão foi fundamental para orientar o nosso percurso metodológico, pois representou uma luz orientadora desde o primeiro momento: compreender o efeito, que um determinado ensino do Direito Penal (*in casu*, português e a partir do ano de 1986), num contexto policial e multicultural, poderá produzir nas práticas jurídico-penais nas sociedades africanas. No mesmo ano, a então juíza do Tribunal Constitucional, publicou uma segunda reflexão, onde o ensino do Direito Penal mereceu um lugar complementar ao artigo anterior, apesar da abordagem distinta: *A Teoria do Crime como Teoria da Decisão Penal. Reflexão sobre o Método e o Ensino do Direito Penal*[5], onde a Autora abordou a tensão entre a teoria e o discurso comum sobre o Direito Penal; demonstrando que um ensino cujo conteúdo seja a mera transmissão simplificada de conclusões ou a divulgação de um esquema lógico que permita aplicar uma sistemática sobre o crime e a responsabilidade penal é a negação da tradição universitária e a redução do ensino do Direito a um ensino técnico de segunda ordem; e que o ensino de uma disciplina deve ser uma introdução ao pensamento cien-

zadamente – o conteúdo da previsão norma penal, *i.e.*, os crimes – consequências jurídicas profundamente graves – as penas e as medidas de segurança, ou seja, a estatuição da norma penal (Palma, 2020a: 15).

[3] A Autora (Palma, 1999a), com a devida vénia, aborda Mestres como Basílio de Sousa Pinto, António Luiz Henriques Secco e Levy Maria Jordão; a influência do positivismo sociológico no ensino do Direito Penal, e a rutura com o pensamento penal do século XIX através do ensino de Henriques da Silva e a projeção da escola italiana de sociologia criminal no ensino do Direito Penal; a teoria da infração e o positivismo radical de Caeiro da Mata; a *escola criminal socialista* de Afonso Costa; Beleza dos Santos e a escola de Lisboa; a influência de Cavaleiro de Ferreira na introdução da teoria geral da infração como método de aplicação do Direito Penal, *i.e.*, a aceitação da teoria do tipo como sendo fundamental para a metodologia do Direito Penal; o normativismo neoclássico de Eduardo Correia; a teoria geral da infração como técnica de subsunção no ensino de Sousa e Brito; a absorção pragmática da teoria do ilícito pessoal em combinação com o garantismo do Estado de Direito Democrático no ensino de Teresa Beleza; a perspetiva finalista do ilícito pessoal de Oliveira Ascensão; e as grandes questões metodológicas colocadas pelos sistemas clássico, neoclássico e finalista.

[4] Palma, 1999a: 353.

[5] Palma, 1999b.

tífico, o que significa uma iniciação do estudante ao pensamento objetivo, metodologicamente orientado, às exigências da dúvida, do debate argumentativo, da noção de problema e uma iniciação à liberdade responsável de criticar, de discordar, de concordar e a liberdade de criar[6], tendo como luz orientadora o respeito pela dignidade da pessoa humana.

A formação integral de um oficial de polícia privilegia o *Saber-Saber*, o *Saber-Fazer* e o *Saber-Ser*, ou seja, uma dimensão ético-moral[7], o que exige um plano curricular multidisciplinar assente nas Ciências Jurídicas, nas Ciências Sociais e Políticas e nas Ciências Policiais. No entanto, é fundamental que a dimensão universitária do curso desenvolva uma ligação permanente entre a abstração e a prática, na medida em que os futuros diplomados devem estar munidos do conhecimento que permite o desenvolvimento de um mandato profissional com uma visão holística e aprofundada dos problemas complexos (inter)nacionais. No ano de 2018, o Gabinete de Apoio Psicopedagógico do Corpo de Alunos do ISCPSI, serviço de acompanhamento psicoeducacional dos discentes, promoveu um estudo[8] junto dos alunos que frequentavam o Instituto naquele ano letivo. De entre as cinco principais preocupações demonstradas, relativamente ao ISCPSI, surgiu, em terceiro lugar, o plano curricular do curso com base nos seguintes argumentos: a necessidade de aproximar o currículo escolar à prática policial, aumentar a componente prática, apostar numa formação mais direcionada para a ação de comando, e o pouco tempo para refletir sobre as matérias. Estes resultados conduziram-nos ao desejo de avançar no conhecimento relativamente ao ensino ministrado, *in casu* no domínio do Direito Penal, de 1984 a 2021, numa instituição total[9] com as especificidades multiculturais do ISCPSI, onde o Direito Penal deve ser ensinado, entre a abstração e a objetividade, como a *ultima ratio*, moldando as futuras lideranças da Polícia Portuguesa e dos PALOP[10], que vão comandar e supervisionar as práticas policiais no âmbito da atividade operacional e administrativa, em contextos sociais, culturais e jurídicos, nacionais e internacionais, muito distintos, o que obriga a definição de um referencial mínimo que importa consolidar no ensino.

[6] Palma, 1999b: 523-524.

[7] Neves, 2019: 66-74; Almeida e Pinho, 2020: 63-64.

[8] GAPP, 2018; Almeida e Pinho, 2020: 64.

[9] Goffman, 1961; Neves, 2019: 13-16.

[10] E Timor-Leste, com a entrada de um aluno no ano letivo de 2022-2023.

Numa investigação é fundamental que exista um objetivo, de forma a demonstrar o que se pretende atingir com a realização do estudo. Trata-se de um enunciado que vai precisar a orientação da investigação através dos conhecimentos estabelecidos no domínio em questão[11], na medida em que a imprecisão na definição dos fins da pesquisa é o primeiro erro a ter em conta na preparação de um estudo[12]. E não é menos verdade que traduzir um projeto de investigação sob a forma de uma pergunta de partida só será útil se essa pergunta for corretamente formulada, devendo preencher várias condições, mormente clareza, exequibilidade e pertinência[13]. É nosso desiderato, assim, apresentar um contributo com aplicação prática, na medida em que as conclusões da presente investigação representam um avanço no conhecimento no âmbito da prática jurídica, *maxime* no domínio da epistemologia da metodologia jurídico-criminal, no ensino superior policial, em contexto multicultural.

Nessa medida, o presente estudo arrancou a partir de uma reflexão em torno de diversas questões de natureza metodológica: o ensino do Direito, em concreto o Direito Penal, materializa-se através de um método próprio? Quais são as técnicas mais adequadas? Que fatores extracientíficos podem conduzir ao enviesamento do conhecimento e distanciar o investigador da objetividade, por forma a garantir a isenção, a equidistância, a liberdade, a ética e o rigor no ensino jurídico? Podemos afirmar que o ensino do Direito materializa um processo com uma carga subjetiva relevante, comparativamente com outros ramos do conhecimento? E que quadro referencial mínimo deve existir para garantir uma vigilância epistemológica no processo de ensino da ciência jurídico-penal, em particular quando esse ensino é dirigido a futuros Oficiais de Polícia, inclusive para o exercício do mandato nos PALOP? Como se ensina o Direito Penal (objetividade *vs.* abstração académica)? Quem ensina o Direito Penal às futuras elites administrativas da Polícia? Existe uma matriz europeia no ensino do Direito? Qual é a relevância do ensino dos Direitos Humanos, através do Direito Penal, nos países africanos? A violência doméstica pode admitir algum grau de tolerância multicultural? Um país tem legitimidade para poder influenciar outras culturas? Como é que o multiculturalismo se traduz na função poli-

[11] Fortin, 2009.

[12] Lima, 1995: 23.

[13] Quivy e Campenhoudt, 1998: 35.

cial nos países africanos, *maxime* a relação entre o ensino policial do Direito Penal e as exigências constitucionais? Em síntese: o ensino do Direito Penal, na formação universitária dos futuros Oficiais de Polícia dos Países Africanos de Língua Oficial Portuguesa, corresponde às necessidades da prática jurídico-penal nos seus países?

A investigação visou contribuir, assim, para o avanço no conhecimento relativamente aos desafios no âmbito do ensino jurídico-penal no contexto universitário policial e a necessidade do desenvolvimento de um ensino à luz de uma permanente vigilância epistemológica num contexto favorável a uma reflexão distanciada de obstáculos enviesantes, que possam *turvar* o espírito dos futuros dirigentes da Polícia e, em particular, compreender a influência do paradigma de ensino europeu no mandato dos oficiais das Polícias dos PALOP.

Para percebermos a evolução e a adequação do ensino do Direito Penal na formação universitária dos oficiais de polícia, em contexto multicultural, às necessidades da prática policial, *maxime* jurídico-penal, numa perspetiva comparada, optou-se pelo estudo de caso da violência doméstica, tipo legal complexo que vai permitir aferir a relação e as disrupções entre o ensino jurídico (que exige uma hermenêutica intercultural) e as práticas profissionais à luz das representações sociais. A opção por este tipo legal de crime não é *inocente*: na verdade, o fenómeno da violência doméstica é transversal a todas as sociedades, mas apresenta uma evolução e uma visão diferenciada em função de cada contexto histórico, legal e sociocultural[14], o que permite analisar as eventuais disfunções nas práticas policiais, fruto da inexistência de sintonia entre a velocidade do direito constitucional e ordinário e a velocidade das representações sociais assentes nas tradições e nos costumes geracionais.

O método de estudo de caso é especialmente indicado para investigadores isolados, dado que proporciona uma oportunidade para estudar, de uma forma mais ou menos aprofundada, um determinado aspeto de um problema em pouco tempo. A grande vantagem deste método consiste no facto de permitir ao investigador a possibilidade de se concentrar num caso específico e de tentar identificar os diversos processos interativos em

[14] Em Portugal, a tipificação do crime de violência doméstica surgiu apenas com a Reforma Penal de 2007.

curso[15]. Existindo diversas limitações, sendo o pouco tempo uma delas, parece-nos que o estudo de caso se adequa aos objetivos da presente investigação.

Para responder à pergunta de partida importa dar a conhecer o caminho percorrido, os constrangimentos, os cuidados que foram tidos em consideração na aplicação e no tratamento dos inquéritos, os obstáculos epistemológicos que tiveram de ser ultrapassados, um conjunto de questões fundamentais, já que o método deve descrever pormenorizadamente o estudo realizado, para que qualquer pessoa, com base nessa informação, possa replicar o estudo[16], enquanto processo de planificação e criatividade controlada[17]. As opções em ciência não são efetuadas ao sabor de meros impulsos do investigador, já que devem seguir uma lógica sequencial assente na construção de um caminho bem definido, que deve ser percorrido à luz de princípios e orientações consensuais na comunidade científica para que, dessa forma, o conhecimento seja reconhecido como válido. Mas esse caminho não é inflexível – já que varia em função da metodologia, da pergunta de investigação, dos objetivos, das técnicas, das limitações do investigador e do tempo disponível; e avança no tempo por etapas plasmadas num cronograma. Na linha de pensamento de Roberto Follari, o que caracteriza a ciência é a construção metódica e controlada de um conhecimento que estabelece a previsibilidade como necessidade central[18], e onde a escolha, a elaboração e a organização dos processos de trabalho variam com cada investigação[19].

A investigação científica segue um procedimento análogo ao do pesquisador de petróleo. Não é perfurando ao acaso que este encontrará o que procura. Pelo contrário, o sucesso de um programa de pesquisa petrolífera depende do procedimento seguido[20]. Acresce que o estudo científico do direito criminal exige uma perspetiva interdisciplinar e de integração metodológica[21], que convoque e reúna diferentes saberes e métodos diversificados num objetivo comum. O mesmo será dizer que, idealmente, a inves-

[15] Bell, 2002: 22.
[16] D'Oliveira, 2002: 57.
[17] Hill e Hill, 2002: 20.
[18] Santos, 2003.
[19] Quivy e Campenhoudt, 1998: 18.
[20] Quivy e Campenhoudt, 1998: 15.
[21] Dias e Andrade, 1997: 114.

tigação deverá socorrer-se do que Plattan (1990) designa como triangulação, para se referir à combinação de métodos ou de dados, que implique a consulta de uma variedade de fontes num mesmo estudo[22], para diminuir a subjetividade, atendendo que qualquer avanço no conhecimento científico começa por ser uma aventura especulativa, uma conceção prévia imaginativa do que pode ser verdade, que vai sempre um pouco mais além daquilo em que temos autoridade lógica ou factual para acreditarmos[23]. Acresce que nenhuma abordagem depende unicamente de um só método, da mesma forma que não exclui determinado método apenas porque é considerado quantitativo ou qualitativo[24]. Aliás, nem o qualitativo nem o quantitativo garantem uma objetividade total, tendem apenas a assegurar um procedimento o mais objetivo possível[25].

Nessa medida, foi fundamental apresentar um estado da arte consolidado para comprovar a pertinência da pergunta de investigação, ou seja, um ponto de situação quanto às principais questões teórico-práticas em torno do objeto de estudo, assente numa revisão da literatura. Na verdade, qualquer investigação implica a leitura do que outras pessoas já escreveram sobre a área do seu interesse, recolha de informações que fundamentem ou refutem os seus argumentos e a redação das suas conclusões[26]. Em paralelo, foi aplicado um inquérito por entrevista, com questões de formulação fixa, mas de resposta aberta, onde os informantes puderam responder sem qualquer limitação[27]. A abordagem aos profissionais-alvo da investigação, para além dos necessários contactos prévios, baseou-se num inquérito, adaptado aos informantes alunos, ex-alunos e docentes[28]. Os tópicos foram selecionados, as questões elaboradas e o método de análise considerado[29], existindo um esforço para fazer o menor número possível de perguntas[30], que permitissem recolher os testemunhos dos interlocutores, respeitando os quadros

[22] Machado, 2008.
[23] Bell, 2002: 35.
[24] Bell, 2002: 85.
[25] Albarello, 1997: 85; Bardin, 2000: 21.
[26] Bell, 2002: 51.
[27] Ghiglione e Matalon, 2001: 64.
[28] Apêndices A, B e C.
[29] Bell, 2002: 118-119.
[30] Quivy e Campenhoudt, 1998: 74.

de referência, a linguagem e as suas categorias mentais[31]. Depois seguiu-se a análise de conteúdo. Segundo Jorge Vala, a análise de conteúdo é uma das técnicas mais comuns na investigação empírica realizada pelas ciências humanas e sociais. Berelson (1952) definiu a análise de conteúdo como uma técnica que permite a descrição objetiva, sistemática e quantitativa do conteúdo manifesto da comunicação. Cartwright (1953) alargou o âmbito da análise de conteúdo propondo a sua extensão a todo o comportamento simbólico[32], possibilitando tratar de forma metódica testemunhos que apresentam alguma complexidade, o que permite satisfazer as exigências do rigor metodológico[33].

É um lugar-comum que não nos devemos documentar ao acaso, mas em função dos objetivos de uma investigação. Nessa perspetiva, a pesquisa documental apresentou-se como um método de recolha e de verificação de dados[34], a par da análise legal, jurisprudencial e doutrinal no âmbito do objeto de estudo, *maxime* a análise das fichas da unidade curricular de Direito Penal, de 1984 a 2021, para compreendermos o perfil dos professores, a carga horária e as sucessivas alterações introduzidas nos conteúdos ministrados na unidade curricular de Direito Penal (Apêndice D). A análise da legislação também foi fundamental para situarmos a mudança do espírito do legislador ao longo dos tempos, a par das representações no plano simbólico.

O inquérito aplicado aos alunos (Apêndice A), após uma reunião de coordenação com os discentes mais antigos de cada PALOP, através da plataforma *Microsoft Teams*, foi enviado através de correio eletrónico, atendendo ao contexto pandémico que impossibilitou o contacto pessoal, aos 52 alunos naturais de Angola, Cabo Verde, Guiné-Bissau, Moçambique e São Tomé e Príncipe que, na altura, frequentavam os cinco anos letivos do curso de mestrado integrado em Ciências Policiais (CFOP) do ISCPSI, com uma taxa de retorno de 96%:

31 Quivy e Campenhoudt, 1998: 192-194.

32 Vala, 1986: 101-103.

33 Quivy e Campenhoudt, 1998: 227.

34 Albarello, 1997: 29.

Tabela 1. Alunos dos PALOP | 2020-2021

Ano	CFOP	ANG	CV	GB	MZ	ST	Total
5º	33º	0	6	3	3	1	13
4º	34º	1	6	1	2	1	11
3º	35º	2	2	1	1	2	8
2º	36º	0	3	1	3	3	10
1º	37º	0	2	3	3	2	10
Total		**3**	**19**	**9**	**12**	**9**	**52**
Nº de Respostas		**3**	**18**	**9**	**12**	**8**	**50**
% de Retorno		**100%**	**95%**	**100%**	**100%**	**89%**	**96%**

Fonte: Corpo de Alunos do ISCPSI e Inquérito 2021.

Tabela 2. Distribuição dos informantes alunos por ano curricular

País	Alunos	Sexo (F-M)	Idade Média (F-M)
Angola	3	1-2	29-33
Cabo Verde	18	8-10	31-31
Guiné-Bissau	9	1-8	34-33
Moçambique	12	2-10	33-34
São Tomé e Príncipe	8	2-6	21-30
Total	50	14-36	30-32

Fonte: Inquérito 2021.

Tabela 3. Caracterização da amostra

Ano	CV	GB	ST	MZ	ANG	Total
1º	1	3	1	3	0	**8**
2º	3	1	4	3	0	**11**
3º	2	1	1	1	1	**6**
4º	6	1	1	2	2	**12**
5º	6	3	1	3	0	**13**
Total	18	9	8	12	3	**50**

Fonte: Inquérito 2021.

Na tabela 2 verificamos que a amostra é constituída por 50 informantes privilegiados distribuídos pelos cinco anos do Curso de Mestrado Integrado em Ciências Policiais, distribuídos da seguinte forma: 18 naturais de Cabo Verde, nove naturais da Guiné-Bissau, oito naturais de São Tomé e Príncipe, 12 naturais de Moçambique e três naturais de Angola. A percentagem de mulheres é baixa: 14 alunas do sexo feminino (28%) e 36 alunos do sexo masculino (72%).

Cabo Verde tem investido de uma forma consolidada na formação de oficiais do sexo feminino, conforme demonstram os dados recolhidos (oito alunas num universo de 18 estudantes de CV), como se depreende da tabela 3. As alunas estão distribuídas da seguinte forma: oito alunas de CV, duas alunas de ST, uma aluna de GB, duas alunas de MZ e uma aluna de ANG. A aluna mais nova tem 19 anos e é de ST e, no extremo oposto, surgem três alunas, com 34 anos, provenientes de CV, GB e MZ. A idade média das 14 informantes do sexo feminino é de 30 anos. As oito alunas de CV têm uma idade média de 31 anos, as duas alunas de ST têm uma idade média de 21 anos, a aluna da GB tem 34 anos de idade, as duas alunas de MZ têm uma idade média de 33 anos e a aluna de ANG tem 29 anos de idade.

Por outro lado, as idades dos alunos masculinos situam-se entre os 26 (ST) e os 37 anos (ST). A idade média dos 34 respondentes do sexo masculino é de 32 anos. Os seis alunos masculinos de ST têm uma idade média de 30 anos, os 10 alunos de CV têm uma idade média de 31 anos, os seis alunos da GB têm uma idade média de 33 anos (dois alunos não responderam), os dois alunos de ANG têm uma idade média de 33 anos; e os 10 alunos de MZ têm uma idade média de 34 anos.

Tabela 4. Ano de ingresso dos alunos informantes

Nº de Alunos(as)	Ano de ingresso no ISCPSI
2	2015
14	2016
12	2017
4	2018
10	2019
8	2020
Total	50

Fonte: Inquérito 2021.

Na tabela 4, verifica-se que dois alunos ingressaram em 2015, 14 alunos em 2016, 12 alunos em 2017, quatro alunos em 2018, dez alunos em 2019 e oito alunos em 2020. Nos últimos dois anos a Polícia Nacional de Angola não enviou alunos para Portugal, podendo ser explicado pelo facto de, no dia 29 de março de 2012, o Instituto Superior de Ciências Policiais e Criminais *General Osvaldo de Jesus Serra Van-Dunem*[35], ter iniciado a sua atividade, ministrando os cursos de licenciatura em Ciências Policiais e Criminais, Direito e Administração Pública[36] e, mais recentemente, o curso de mestrado em Segurança Pública[37]. No entanto, Moçambique também tem um estabelecimento de ensino superior policial, que ministra a licenciatura em Ciências Policiais, desde o ano de 2000, na Academia de Ciências Policiais (ACIPOL), mas continua a enviar alunos regularmente para frequentarem o curso superior de polícia no ISCPSI.

No domínio da formação anterior ao ingresso no ISCPSI, verificamos que 88% dos alunos (44 informantes) são titulares do 12º ano de escolaridade e 12% (seis alunos) têm formação ou frequência do ensino superior, em particular os alunos provenientes de Cabo Verde e Guiné-Bissau. Na amostra proveniente de Cabo Verde encontramos um licenciado em Engenharia Civil e três alunos com frequência universitária (Direito e Engenharia Informática). Nos alunos da Guiné-Bissau há um discente que frequentou o 3º ano do curso de Direito e um aluno que concluiu o curso de formação de professores.

Relativamente às funções exercidas pelos alunos, antes do ingresso no ISCPSI, verifica-se que não existem diferenças nas funções desempenhadas entre os homens e as mulheres: 82% da amostra exerceu funções policiais, predominantemente com a categoria de Agente em diversas funções: Guarda Fiscal, Serviço de Estrangeiros e Fronteiras, Serviço de Trânsito, Criminalística, Investigação Criminal, Informações Policiais e Patrulha; e 10% (cinco alunos) não exercia funções policiais antes do ingresso no ISCPSI (duas estudantes de ST; um gestor de recursos humanos e um educador cívico de MZ; e um segurança pessoal da GB). A colocação no ISCPSI de duas estudantes do sexo feminino de ST, representa um esforço desse

[35] Criado através do Decreto Presidencial nº 09/2012, de 20 de janeiro.

[36] Aprovados pelos Decretos Executivos nº 264/2017 e 267/2017 de 27 de abril.

[37] Aprovado pelo Decreto Executivo nº 128/2019, de 3 de junho. Disponível em: https://iscpc-pna.co.ao/o-iscpc (consultado em 1 de abril de 2021).

País na perspetiva de mitigar o reduzido número de mulheres nos quadros superiores dessa Polícia.

Por outro lado, foram entrevistados informantes privilegiados externos (Apêndice B), que não representam uma amostra representativa dos ex-alunos provenientes dos PALOP, mas complementam a visão dos atuais alunos: quatro informantes do sexo masculino, naturais de Angola (1) e S. Tomé e Príncipe (3). Os ex-alunos de ST têm entre os 40 e os 44 anos de idade e frequentaram o CFOP em 2000-2005, 2001-2006 e 2002-2007, respetivamente. Em termos da relevância de funções exercidas destacamos as de professor de Matemática, Comandante-Geral da Polícia Nacional e Comandante de Comandos Distritais e Vice-Comandante Geral. O ex-aluno natural de Angola tem 56 anos de idade e frequentou o mestrado em Ciências Policiais, de 2018 a 2020. Em Angola, exerceu funções como professor de Educação Física e, atualmente, é oficial da Polícia Nacional de Angola. Importa ainda referir que foi desenvolvido um esforço no sentido de conseguir mais testemunhos provenientes de Cabo Verde, Guiné-Bissau e Moçambique mas, por diversos motivos, em particular a pandemia da COVID-19, não recebemos quaisquer respostas de informantes desses países. Em paralelo foram convidados alguns docentes, tendo existido a imediata disponibilidade por parte do Professor Rui Pereira, que leciona no ISCPSI desde o ano letivo de 2003-2004, tendo interrompido a atividade docente quando exerceu as funções de juiz do Tribunal Constitucional e de ministro da Administração Interna. Atualmente, leciona Direito Penal e Processo Penal (I e II) e Organização Judiciária (I e II)[38].

[38] Rui Carlos Pereira é professor catedrático convidado do ISCPSI e do Instituto Superior de Ciências Sociais e Políticas da Universidade de Lisboa; foi Ministro da Administração Interna nos XVII e XVIII Governos (2007 a 2012), membro do Conselho Superior do Ministério Público, juiz conselheiro do Tribunal Constitucional e coordenou a Unidade de Missão para a Reforma Penal, entre 2005 e 2007.

Parte I
Filosofia da Ciência Jurídico-Penal e Multiculturalismo

1. Método jurídico e conhecimento científico

Do ponto de vista etimológico, epistemologia significa discurso (*logos*) sobre a ciência (*episteme*), filosofia do conhecimento[39], teoria da ciência[40], ramo da filosofia que estuda as formas de conhecimento que adotam estruturas racionais do tipo científico. A filosofia da ciência é uma fenomenologia do homem debruçado sobre o seu estudo, que se coloca num estado de mobilização permanente, substituindo o saber fechado e estático por um conhecimento aberto e dinâmico[41], representando uma rutura com o conhecimento comum, sabendo que não existem verdades absolutas, pois toda a verdade científica é provisória e está sujeita a novas evidências[42], através de uma correlação entre um cognoscente e um cognoscível, em que o sujeito é modificado pelo objeto[43], o que nos leva à seguinte questão[44]: o conhecimento científico representa ou inventa a realidade que pretende conhecer?

A palavra *Direito* liga-se a uma metáfora na qual uma figura geométrica assumiu um sentido moral e depois jurídico: o direito é a linha reta, que se opõe à curva, ou à oblíqua, e aparenta-se às noções de retidão, de franqueza, de lealdade nas relações humanas[45]. Para Celso (séc. II d.C.) o

39 Maia, 2002: 126; Neves, 2002: 126-128.

40 Blanché, 1983.

41 Bachelard, 2001.

42 Horton e Hunt, 1981.

43 Hartmann, 1945.

44 Santos, 2003: 17.

45 Lévy-Bruhl, 2000: 3.

Direito é a arte do bom e do justo (*ars boni et aequi*). Ulpiano irá resumi-lo nas máximas: *honeste vivere* (viver honrosamente), *alterum non laedere* (não prejudicar o próximo); *suum cuique tribuere* (dar a cada um o que lhe é devido)[46]. Hodiernamente, o Direito é percecionado como uma realidade complexa e difícil de se captar. É esta a imagem que os juristas dão do seu objeto de saber[47]. No entanto a Sociologia, *maxime* a Sociologia do Direito, tem contribuído para a desconstrução do formalismo e a tecnicidade jurídica[48], na perspetiva de aproximar a justiça aos cidadãos, enquanto pilar do Estado de Direito[49].

1.1. Fontes de Conhecimento e Verdade

O conhecimento racional, sistemático e verificável, que designamos como ciência, reconfigurou-se na transição do milénio[50]. Horton (1980) defendia que eticamente a ciência é neutra, buscando descobrir conhecimento, não importando os valores ou instituições que pode minar ou reforçar, visão desajustada do paradigma defendido no século XXI. A ciência é a mais recente fonte da verdade e distingue-se da autoridade, a intuição, a tradição e o bom senso[51], porque assenta no método, um caminho para chegar a um fim, um conhecimento sistemático, aproximadamente exato, replicável e assente num processo de aplicação de conhecimentos, de planificação e criatividade controlada[52]. Todo o conhecimento implica uma trajetória, uma progressão de um estado, designado por ignorância, para um estado designado por saber[53]. A primeira rutura epistemológica é a distinção entre ciência e senso comum, duas formas de conhecimento que se pertencem mutuamente uma vez que que cada um deles só existe mediante a existência do outro[54].

Comte (1830) concebeu o estado positivo, ou científico, como a terceira idade da evolução do espírito humano, sucedendo ao estado teológico e ao

[46] Lévy-Bruhl, 2000: 7.
[47] Guibentif, 2007: 40.
[48] Ehrlich, 1913; Luhmann, 1972; Carbonnier, 1979.
[49] Carvalho, 2012.
[50] Mora, 1981.
[51] Horton, 1980: 15-16.
[52] Hill e Hill, 2002.
[53] Santos, 1990: 28.
[54] Santos, 1990: 38.

estado metafísico[55]. A ciência emerge através da construção teórica do seu objeto, o vetor epistemológico que vai do racional ao real[56] através da conceção global de planeamento de uma investigação que compreende um caminho de investigação apropriado e validado face aos objetivos, meios e contexto de implementação[57]. Uma estratégia integrada de pesquisa, que busca a objetividade e a verdade, e que organiza criticamente as práticas de investigação[58], cujo sucesso depende do caminho percorrido[59]. As teorias da verdade têm atraído um número considerável de autores[60], sobretudo no campo da Filosofia e com particular relevância no Direito associada a questões centrais no ensino jurídico, como as ideias de Verdade, (im)parcialidade e Justiça, onde encontramos diversas abordagens, como resultado da cooperação e do contraditório[61], do consenso[62] e da comunicação[63]. A questão da verdade, da responsabilidade, da ética e dos princípios surgiu como uma preocupação filosófica central no século XX[64]. O que é verdade? É a questão filosófica por excelência[65].

Na busca da verdade, temos confiado: a) na intuição, desde a imaginação brilhante até à conjetura ingénua; b) a autoridade, que nos diz o que é verdade; c) a tradição; d) o bom senso, que inclui a observação casual mais qualquer ou todas as fontes anteriormente referidas; e) e a ciência, o mais novo método de procurar a verdade, que difere das demais fontes porque a verdade científica se baseia em evidência verificável e compreende

55 Simon, 1994.

56 Lima, 1995.

57 Santo, 2015.

58 Almeida e Pinto, 1976.

59 Quivy e Campenhoudt, 1998.

60 Peirce, 1901; Lacan, 1965; Mackie, 1977; Foucault, 1984; Lynch, 2001; Schantz, 2002; Santos, 2003; Habermas, 1973, 2004; entre outros.

61 Habermas e Rawls, 1998.

62 Rawls, 1972, 1999; Dworkin, 1986.

63 Habermas, 1973 e 2004 cf. Palma, 2020b. *In* https://www.youtube.com/watch?v=WnCOZVoAZew (consultado em 16.03.2021).

64 No início de 1900, as discussões sobre a verdade envolveram filósofos como Bertrand Russell, que defendeu um renascimento da teoria da verdade como correspondência, Francis H. Bradley, com a teoria da coerência do idealista Friedrich Hegel, e William James, que argumentou que a verdade deve ser entendida de acordo com linhas pragmáticas (o valor pragmático da verdade). O que esses teóricos tinham em comum era a suposição de que a verdade tem uma natureza (Schantz, 2002).

65 Lynch, 2001.

que toda a verdade é provisória e que, eticamente, a ciência é neutra, buscando descobrir conhecimento, não importando os valores ou instituições que possa minar ou reforçar[66]. Joseph Raz analisou a natureza da liberdade e a autoridade, examinando o papel da neutralidade dos valores, direitos, igualdade e prevenção de danos na tradição liberal e a relação com as questões morais[67]. Por outro lado, Lacan (1965) defende que a ciência se caracteriza por uma disjunção dos campos da verdade e do saber, ao enfatizar que a fecundidade da nossa ciência deve ser interrogada na sua relação com o facto da verdade não se preocupar com os aspetos da sua causalidade[68]. Um pressuposto mais recente é o respeito por princípios éticos. A ciência visa o bem-estar da humanidade, mas com ética[69]. A ausência de ética revelou-se, entre outros momentos, quando Adolf Eichmann e Josef Mengele lançaram milhares de seres humanos para fins supostamente científicos[70]. Os fins da ciência devem estar para além da ciência[71], aliada a princípios éticos[72].

John Leslie Mackie, no seu tratado sobre a teoria moral, *Ethics: Inventing Right and Wrong*, defende a subjetividade dos valores, pois entende que não existem valores objetivos[73]. O autor trata o *status* da Ética, argumentando que não existem valores objetivos, que a moralidade é um constructo, um dispositivo funcional, que muda em função das alterações na condição humana, esboçando um sistema moral prático e aborda as fronteiras da Ética, áreas de contato com a Psicologia, a Metafísica, a Teologia, o Direito e a Política, discutindo uma teoria do erro da aparente objetividade dos valores, baseando-se em pensadores clássicos como Platão, Aristóteles, Hobbes, Hume, Kant e Sidgwick[74].

Neste âmbito, surgem outros autores relevantes, como Charles S. Peirce (1839-1914), fundador do pragmatismo americano, um teórico da lógica,

66 Horton, 1980.

67 Raz, 1986.

68 Lacan, 1965; Sanada, 2004.

69 Santo, 2015.

70 Grodin, Kor e Benedict, 2011.

71 Trindade, 2017.

72 *Vide Ethics* (U. Chicago), revista científica que tem promovido o debate em torno do conceito de Ética: https://www.journals.uchicago.edu/toc/et/current (consultado em 30.03.2021).

73 Mackie, 1977: 15.

74 Mackie, 1977.

linguagem, comunicação e da teoria geral dos signos[75], e Jonathan Dancy, que questionou as posições meta-éticas como possuidoras das ferramentas necessárias para capturar o papel das razões contributivas, defendendo o holismo na teoria das razões, construindo um argumento para o particularismo na Ética, caracterizado por uma visão de que o pensamento moral e o julgamento não dependem de uma provisão adequada de uma moral de princípios[76]. Para Paul Ricoeur, o conceito de responsabilidade é mais abrangente do que o conceito de obrigação de reparar o dano ou de sofrer a pena. Trata-se de assumir as diversas consequências da ação[77]. Ricoeur entende que o termo responsabilidade é passível de diversas abordagens, desde logo pela polissemia do étimo latino *respondere*, que significa não só "responder por" mas, também, *responder a* (uma questão, uma injustiça)[78]. Já o desenvolvimento da teoria dos princípios deve-se a Ronald Dworkin, colocando-os como elementos fundamentais na interpretação e aplicação do Direito. Para Dworkin, os princípios não têm uma mera função subsidiária, mas são determinantes para encontrar a resposta correta para os casos difíceis. Esta é uma teoria que tem sido tratada no seio da cultura jurídica anglo-americana e norte da Europa, baseada no *case-law* e não no Direito legislado, como acontece no direito continental, pelo que a diferenciação entre normas princípio e normas regra assume uma maior importância[79]. Dworkin analisa a questão que está no cerne de todo o sistema jurídico: como é que os juízes interpretam a lei? O autor defende que os juízes devem decidir os casos interpretando à luz do caso em concreto, ao invés de simplesmente aplicarem decisões jurídicas passadas, apresentando uma teoria geral do que é a interpretação na literatura e na lei. Cada interpretação jurídica reflete uma teoria subjacente sobre o caráter geral do Direito: Dworkin avalia três dessas teorias. Uma das teorias mais influentes considera que a lei de uma comunidade é apenas o conjunto de convenções estabelecidas por essa coletividade. Outra teoria pressupõe que a prática jurídica é entendida como um instrumento da sociedade para atingir os seus objetivos. Dworkin argumenta contra essas duas visões, insistindo que a lei não visa demonstrar consenso ou fornecer meios para objetivos sociais,

[75] Peirce, 1901.

[76] Dancy, 2004 e 2005.

[77] Ricoeur, 1997: 61; Ferreira, 2017.

[78] Ricoeur, 1997: 36.

[79] Kaufmann e Hassemer, 2015: 156.

mas sim para que uma comunidade política possa agir de modo coerente e com princípios para todos os seus membros, demonstrando que o conceito de integridade política e jurídica é a chave para a teoria e prática jurídica anglo-americana[80]. Kirchmann também afirmou que a jurisprudência não é ciência. As críticas feitas à cientificidade da jurisprudência têm suscitado uma enorme polémica entre investigadores, debate que ainda persiste. Esta é uma questão muito debatida no mundo contemporâneo por juristas, filósofos e sociólogos do Direito. A Ciência do Direito é entendida como o conjunto de proposições ou teorias que explicam e predizem o funcionamento do sistema jurídico ou de algum de seus elementos. O debate sobre o caráter científico da jurisprudência, remonta às próprias origens da ciência do Direito Europeu, cujas raízes se encontram na jurisprudência romana[81].

Por outro lado, John Rawls, na obra *Theory of Justice*, apresenta uma proposta de solução para a justiça distributiva, uma justiça com equidade, ou seja, uma repartição socialmente justa dos bens na sociedade. Rawls defende princípios de justiça que determinam que a sociedade deve ser estruturada de forma que a maior *quantidade* possível de liberdade seja dada aos seus membros, sendo limitada unicamente pela noção de que a liberdade de um membro não deve interferir com a liberdade de terceiros. Em segundo lugar, as desigualdades sociais ou económicas só são aceitáveis se a situação daqueles que estiverem em pior situação for melhor do que ela seria em um sistema de distribuição uniforme. Se existe uma desigualdade benéfica, essa dissemelhança não deve dificultar que as pessoas em pior situação ocupem posições de poder[82]. Jürgen Habermas surge em contraponto, tecendo várias críticas às conceções de Rawls, como a artificialidade da posição original e a primazia dos direitos liberais sobre o princípio democrático de participação[83].

Acresce que, do utopismo automático da tecnologia, decorre a neutralização ética da ciência moderna e o vazio ético que assim se produz constitui o problema fundamental do fim do século XX[84], onde o debate sobre as diversas conceções de verdade é cada vez mais essencial, como as rela-

[80] Dworkin, 1986.

[81] Kirchmann, 1983; Ayaviri, 1997.

[82] Rawls, 1972, 1999.

[83] Habermas e Rawls, 1998; Orben, 2016.

[84] Santos, 1990: 26.

ções entre as teorias da justiça e as teorias da verdade, a fundamentação e o conhecimento das normas e valores jurídicos, as teorias processuais da justiça, a ética do discurso, a autonomia do Direito e a integração dos critérios da ciência e a verdade nas decisões do Direito, em particular em domínios como o Direito e a Medicina ou o Direito e as novas tecnologias (*e.g.* os desafios da inteligência artificial no Direito Penal e o Direito Penal na inteligência artificial)[85].

1.2. A metodologia do ensino do Direito Penal

Após uma (brevíssima) abordagem introdutória às fontes de conhecimento e às teorias da verdade, aspetos essenciais para uma melhor circunscrição do objeto de estudo, importa transpor esse corpo de conhecimentos para a metodologia do ensino do Direito Penal. A procura pela implementação das melhores práticas no domínio do ensino jurídico tem sido uma preocupação permanente por parte de diversos investigadores e professores, para corresponder aos problemas complexos e às dificuldades das profissões jurídicas, inclusive à crescente competitividade no campo laboral[86]. O ensino jurídico é um tema atual e relevante, pois o curso de Direito é o único que forma os profissionais que vão integrar um dos poderes do Estado (Judiciário) e trata da matéria-prima (a lei) de outro poder (Legislativo). A formação jurídica é, assim, essencial para moldar profissionais capazes de tornar a sociedade menos injusta e mais humana, ao transfundir o Direito de um *saber* de *erudição* em *saber* de *aplicação*[87].

O ensino deve ser encarado como uma arte filantrópica e uma devoção altruísta de compartilhar e aprender. Antes de embarcar nos conceitos do ensino de Direito, o professor deve começar por introduzir o tópico com os seus antecedentes históricos. Cada discurso intelectual é iniciado a partir da parte mais fácil, como as definições, a classificação e o espírito legislativo. Um dos aspetos mais importantes no ensino do Direito é que a formulação de novos conceitos é menos importante do que a desconstrução de noções malformadas. A compreensão teórica e jurisprudencial é obrigatória antes do exercício da prática. Por isso, a metodologia de ensino deve incluir experiências reais e exemplos da jurisprudência e fomentar a

[85] Palma, 2020.

[86] Katz, 2013.

[87] Melo Filho, 1997: 71.

criatividade, o discurso interativo, a participação, a linguagem corporal, a convicção pessoal, a autoconfiança[88] e refletir as realidades de um mundo transnacional[89], para que os futuros juristas fiquem melhor preparados para os desafios complexos da sociedade hodierna. Tais mudanças atingem também o Direito e a profissão jurídica, onde a inovação tecnológica surge como um fator propulsor. Nesse sentido, é possível separar os impactos tecnológicos em dois grandes campos: tecnologia do Direito e o Direito da tecnologia, surgindo, assim, um novo perfil de profissional do Direito, ao qual são exigidos novos conhecimentos e habilidades, antes tidos como não essenciais para juristas[90].

Atualmente, os dois principais métodos de ensino do Direito são o método socrático e o método do problema. O método socrático tem sido criticado por ensinar o processo de pensamento jurídico pelo exemplo, em vez de forçar os alunos a envolverem-se na sua própria análise mental. Além disso, os críticos afirmam que o método socrático se concentra mais na decisão de um caso do que no modo como a resolução foi alcançada. Por outro lado, os defensores do método do problema apresentam-no como uma abordagem mais indicada para o ensino de Direito, porque fornece aos alunos a oportunidade de aplicar regras de Direito a padrões de fatos escritos complexos e, em seguida, discernir uma resposta correta num contexto semelhante a fatos reais e práticos, permitindo testar os alunos. Mas os críticos do método temem que seja mais caro do que o processo socrático porque é mais adequado para turmas mais pequenas, com a resolução de problemas em profundidade e à dramatização[91].

O Direito tem a função social de disciplinar a mudança, reger as suas consequências, compor os conflitos e formular a norma jurídica em harmonia com a dimensão total da realidade social[92]. Mas alguns autores entendem que o mercado repeliu o ensino jurídico tradicional ministrado nas universidades. Glória Teixeira defende que o ensino do Direito em Portugal é conservador e fechado ao exterior, mantendo-se avesso à mudança e às reformas legislativas, acabando por perpetuar o passado e impedir verdadeiras alterações e aperfeiçoamentos no ordenamento jurídico. A pro-

88 Khan e Bashir, 2018.

89 Caron, 2014.

90 Fonseca, 2019.

91 Hawkins-León, 1998.

92 Direito, 1974: 3.

fessora sustenta que se deve repensar o Direito e o seu ensino, começando-se por abrir as faculdades de Direito portuguesas ao exterior, por exemplo, instituindo-se boas práticas de contratação de docentes[93], à semelhança da experiência nas melhores instituições universitárias internacionais. Nestas, existe um número considerável de docentes com o grau de doutor obtido no estrangeiro, o que permite à instituição viver com a diversidade e com diferentes experiências de Direito Comparado, essenciais para o aperfeiçoamento dos ordenamentos jurídicos nacionais. As faculdades de Direito devem ensinar as competências e conhecimentos essenciais para a elaboração de leis, tomando por referência a vocação teórica e abstrata que deve conformar todo o pensamento científico e jurídico[94], ou seja, um reforço dos eixos teórico e prático no ensino do Direito[95].

Hagino (2012) entende que o ensino na Faculdade de Direito da Universidade de Coimbra, por exemplo, assenta num método excessivamente dogmático, distante da realidade social do século XXI e quase sem interdisciplinaridade. As aulas concentram-se na figura do professor e há pouco espaço para um modelo de ensino diferente, tendo sido encontrado algum conhecimento crítico e interdisciplinar nas disciplinas consideradas dogmáticas como o Direito Penal I e o Direito do Trabalho. O sistema universitário garante características reprodutivas ao formar professores de forma uniforme, que tenham um *habitus* universitário. Da mesma forma, o campo jurídico se reproduz por meio da neutralização e exclusão de pensamentos divergentes. Portanto, os dois campos mantêm a estrutura pedagógica da educação e colaboram para a manutenção do *status quo*. Os mecanismos de descontextualização do discurso jurídico ajudam a construir uma imagem de um Direito autónomo em relação ao mundo social, onde a lei é monopolizada por um grupo de especialistas, que reproduzem a lógica desse campo específico. O ensino de Coimbra, neste contexto, impõe aos estu-

[93] O que contrasta com a revisão em curso dos estatutos da carreira docente que indica que o acesso às categorias de topo vai deixar de ser feito, obrigatoriamente, através de concurso público internacional. *In* https://www.publico.pt/2021/07/24/sociedade/noticia/promocoes-superior-mantem-concursos-so-professores-casa-1971444 (consultado em 26 de julho de 2021).

[94] *In* https://www.portoeditora.pt/sites/ensino-direito-portugal (consultado em 7 de julho de 2020).

[95] Iocohama, 2011.

dantes de Direito uma cultura que se interiorizará e será reproduzida ao longo da vida profissional[96].

A educação jurídica contemporânea continua a privilegiar o conhecimento técnico. Mas a missão de formar juristas totais, de contemplar o modo como a educação jurídica constitui o ser humano, deu lugar a outros paradigmas de formação[97]. Algumas pesquisas sugerem que os estudantes de Direito têm dificuldade em transferir e aplicar o conhecimento teórico para a tomada de decisão em contextos reais e que importa oferecer aos alunos ferramentas que permitam ver como os campos jurídicos estão interligados[98]. Afirma-se que nas escolas de Direito tem sido dominante a exposição sob a forma de regras abstratas, sem mostrar como estas regras se relacionam com os factos; e que estas regras são formuladas para disciplinar factos semelhantes que conduziram à criação de doutrina, e que é necessário abandonar o processo dedutivo, pelo qual os professores partem dos princípios para os preceitos e dos preceitos para os factos, a fim de adotar exclusivamente o processo indutivo, pelo qual os professores devem partir dos factos para os preceitos; ou seja, a observação e a experiência devem predominar[99]. Acresce que a dinâmica nas salas de aula demonstra que, colocar em primeiro plano o modo como o Direito é moldado pela emoção, prepara melhor os alunos para aprender como o Direito avança ou inibe a procura de justiça e como a emoção funciona como uma estratégia pedagógica para tornar os alunos recetivos a envolverem-se empática e criticamente em relação a questões jurídicas prementes sobre a justiça[100]. As questões de raça, género, orientação sexual e classe também estão implícitas na teoria e na aplicação do Direito Penal. As questões empíricas e as políticas de justiça, retribuição, verdade, imparcialidade, igualdade e dignidade da pessoa humana devem ser a base de todas as questões de um curso jurídico, através da análise de problemas, dramatizações e exercícios[101].

Nessa medida, o que é necessário para formar juristas *totais*? No século XX, o ensino jurídico desenvolveu-se e produziu o que designamos como o modelo clássico de ensino do Direito, onde as transformações sociais con-

[96] Hagino, 2012: 13.

[97] Para aprofundamento *vide* Pue, 2016.

[98] Cabezas, Casillas e Acuña, 2016; McGrath, Gunnerstad, Storr e Örnberg, 2020.

[99] Almeida Júnior, 2006: 206.

[100] Raj, 2020.

[101] Taslitz, 2019: 52.

tinuam a ter um impacto na universidade, no ensino e na relevância das Faculdades de Direito[102]. É um lugar-comum entre os educadores modernos falar em ensinar os alunos como *pescar* (em oposição a dar-lhes *um peixe*), negligenciando o facto de que há muitas maneiras de pescar e que, no mandato profissional globalizado, é necessário pescar de várias maneiras em muitas águas[103]. Nessa medida, os educadores jurídicos enfatizam a importância de desenvolver qualidades éticas e morais, uma educação cultural em Direito para a cidadania, a retidão moral e a criação de um espírito de profissionalismo, com consciência do sentido histórico do ensino do Direito na Universidade Portuguesa[104], ciente de que a ciência do Direito é (quase sempre) norteada pela ideologia[105], pois não é adequado estudar as leis ou os conceitos jurídicos segundo uma perspetiva exclusivamente lógica, indiferente à sua significação. O estudo do Direito deve ser sensível ao quadro histórico a que se destina[106]. Um elemento fundamental é o diálogo, *i.e.*, deve-se dar voz aos alunos e respeitar a sua compreensão dos factos. Não há um certo e um errado para cada resposta ou comentário. É preciso enfatizar a alteridade, uma postura epistemológica que introduz uma dimensão de respeito pelo outro[107].

Nos Estados Unidos da América, o Direito Penal substantivo é abordado no primeiro ano curricular, onde é estudada apenas uma pequena parte do que os alunos precisam de saber como profissionais, como a formação em processo criminal e a ética jurídica, através da aquisição de experiência supervisionada, representando clientes reais[108]. O estudo da jurisprudência nas aulas de Direito Criminal Americano baseia-se na forma como os juízes utilizam diferentes técnicas para reunir factos e leis através da manipulação das narrativas que fornecem categorias de significado numa determinada sociedade, apesar de não existir um consenso sobre como essas explanações são relevantes para a interpretação e aplicação do Direito Penal[109].

[102] Miaille e Fontainha, 2010.

[103] Morris, 2005: 78.

[104] Para aprofundamento do sentido histórico do ensino no Direito Penal em Portugal *vide* Palma, 1999.

[105] Toledo, 2008.

[106] Azevedo, 2006.

[107] Roberto Fragale Filho *cit in* Bedê, 2008: 267.

[108] Harris e Lee, 2009: 263.

[109] Simon, 2003.

Hoje, a conceção da missão académica das Faculdades de Direito é mais direcionada para o ensino e a investigação, existindo um novo ambiente competitivo. A necessidade de oferecer programas que atraiam alunos motivados e professores extraordinários, tornou-se mais focada. A atual homogeneidade dos programas das Faculdades de Direito provavelmente diminuirá com um quadro mais diferenciado. A tendência de se afastar dos assuntos básicos vem acontecendo há décadas, onde os assuntos internacionais e comparativos ganham preferência[110]. Em Portugal, a avaliação docente, cada vez exigente à luz dos critérios definidos pela FCT e a A3ES, impõe uma permanente adaptação e a procura das melhores práticas de ensino, em particular para os docentes que buscam o seu constante aperfeiçoamento na área do Direito, como o modelo teórico de Lee S. Shulman[111]. O ensino do Direito deve ser desenvolvido com base na triangulação metodológica, na medida em que uma única abordagem confina e fornece uma narrativa limitada da lei, com consequências nefastas para os estudantes. Ao limitarmos as diferentes abordagens da lei restringimos as visões relativamente ao que podem fazer como futuros juristas, *sufocando* o pensamento crítico sobre a lei e incentivando a aceitação do *status quo* que desencoraja o questionamento e o reexame das múltiplas dimensões do Direito[112].

Em finais do séc. XIX, Franz von Liszt concebeu a ciência do *Direito Penal Total*, a qual conjugava as três vertentes fundamentais para a prossecução da tarefa de controlo social do crime: o Direito Penal propriamente dito, a Criminologia e a Política Criminal[113]. Por outro lado, o sistema integral do Direito Penal estabelece uma relação entre o Direito Penal material, o Direito Processual Penal e o Direito de determinação da pena, que não se confunde com a ciência conjunta do Direito Penal que engloba várias ciências que contribuem para o mesmo fim, não valorizando as contribuições

[110] Blom, 1999: 20.

[111] No modelo formulado por Lee S. Shulman (2004), o conhecimento pedagógico do conteúdo (*pedagogical content knowledge*) refere-se ao conhecimento profissional e incorpora várias outras categorias do conhecimento, possibilitando a análise da ação e o raciocínio do docente ao transformar o seu conhecimento especializado em elementos compreensíveis para o aluno (Vilalva, 2017: 16).

[112] Abramson, 2006: 292.

[113] Costa, 2007: 28.

para a dogmática da criminologia, da política criminal e da vitimologia[114]. O ensino deve ser, por isso, cada vez mais holístico. Os professores devem ajudar a promover um ambiente de aprendizagem com sentido crítico, multidisciplinar e positivo. Acresce que a interação e cooperação constantes e construtivas do corpo docente, com participação ativa dos docentes mais jovens, pode ser um exemplo inspirador que os alunos podem interiorizar e replicar na prática jurídica[115]. O exemplo dos professores de Direito definirá o comportamento dos futuros juristas. Uma das principais obrigações do professor é garantir que as ações dentro e fora da sala de aula inspiram os padrões da profissão e exibem um alto grau de profissionalismo, assente na conciliação do *Saber Saber*, o *Saber Ser* e o *Saber Estar*. É necessário consolidar uma atitude que será replicada. As atitudes e competências que a sociedade atualmente exige aos juristas devem ser modeladas por aqueles que ensinam, olhando para o Direito como uma prática transformadora assente na ética[116] e na dignidade da pessoa humana. As ferramentas de governança e ética em conjunto com a disciplina e o poder-conhecimento, permitem compreender a construção da identidade jurídica no desenvolvimento da formação[117]. É preciso que o professor, através do exemplo, seja um orientador com um caráter humanizador, com base numa relação respeitosa e horizontal com os alunos, e entendendo que o seu compromisso é com a ciência jurídica e com a justiça[118], aspetos que ganham um particular paralelismo na formação das futuras elites administrativas da Polícia.

Alguns estudos indicam que os livros didáticos são geralmente comprados especialmente pelos alunos do primeiro ano, mas são vistos como menos importantes pelos alunos dos anos seguintes. Os recursos *online* são valorizados e as inovações dos professores envolvendo a tecnologia são valorizadas. O aluno moderno geralmente não tem tempo para fazer todas as leituras que os seus professores solicitam, pois passa mais tempo a olhar para o computador[119]. Com a pandemia da covid-19, os professores de Direito nunca enfrentaram tantos desafios, mas também nunca tive-

[114] Monte, 2003; Valente, 2017.

[115] Bowman, 2008: 222.

[116] Peairs, 1960; Pugliesi, 2011; Boothe-Perry, 2016: 82.

[117] Foucault *cit in* Ball, 2009.

[118] Barbosa, 2018: 148.

[119] Bone, 2009.

ram tantas ferramentas à sua disposição, sobretudo no campo tecnológico, como o potencial do ensino à distância[120], mudança que obriga a uma reflexão relativamente ao futuro da metodologia do ensino jurídico[121].

Em síntese, a qualidade técnica é essencial, mas não é suficiente. A consciência ético-moral é a massa de que deve ser feito qualquer jurista e, na gestão de conflitos ou de interesses divergentes, o pensamento crítico, a criatividade e a comunicação têm um papel fundamental. Assim sendo, ao ensino do Direito do séc. XXI, em particular do Direito Penal, já não basta a missão de formar bons juristas. Num mercado competitivo, entre os *rankings* da produção científica e a empregabilidade, o ensino do Direito Penal tem de olhar para cada aluno como um projeto em curso – de jurista e cidadão – para atuar na comunidade, como guardião da liberdade[122].

1.3. Pluralismo jurídico e multiculturalismo

O Estado controla cada vez menos aquilo que é tido como Direito, por via do Direito Comunitário, das leis do mercado, dos usos dos negócios, das normas técnicas, entre outros sinais[123]. O Direito representa uma expressão material da vontade do corpo social, mas não pode unificá-la senão na medida em que essa vontade é idêntica em toda a parte, sendo impossível uma conformidade entre todos os povos. Por isso, surgem formas emancipatórias e contra-hegemónicas de legitimação do Direito, introduzindo um pluralismo jurídico de tipo democrático e participativo, capaz de viabilizar-se como instrumento de afirmação dos Direitos Humanos[124], caminhando para uma aproximação das conceções e instituições jurídicas para mitigar conflitos emergentes, como a criação da Organização das Nações Unidas[125].

Eugen Ehrlich defendeu que existe uma moralidade universal de um Direito que não conhece limites, um Direito vivo face ao Direito estadual, como o respeito pela vida[126] e a dignidade da pessoa humana. Acresce que nem sempre a velocidade do Direito interno consegue acompanhar as representações sociais da comunidade, gerando, por esse motivo, disfun-

120 Jones, Samra e Lucassen, 2019.
121 Pywell, 2018; Ashford, 2020: 168.
122 Guedes, 2019.
123 Hespanha, 2019: 11.
124 Wolkmer, 2006; Poiares, 2023b.
125 Lévy-Bruhl, 2000: 127-128.
126 Ehrlich, 1913: 67; Guibentif, 2007: 109.

ções nas práticas[127], em particular quando os usos e costumes não encontram uma sintonia em relação ao espírito do legislador[128]. A partir do séc. XV, os costumes passaram à categoria de fontes de Direito secundárias. A legislação real e o Direito comum passaram a regular zonas cada vez mais extensas da vida social e a doutrina subordinou o costume à lei. Os séculos XVI a XVIII foram, assim, uma época de predomínio do Direito régio e do Direito comum[129]. Sabemos que o costume traz ordem à sociedade, mas o Estado pode condicionar a medida em que os seus órgãos aplicam o Direito costumeiro[130]. Bettiol (1931) definiu o costume ou norma consuetudinária como a regra social que decorre de uma prática constante e uniforme (*corpus*) e que é acompanhada da convicção da sua obrigatoriedade jurídica (*animus*)[131]. Por outro lado, o conceito de pluralismo normativo evidencia a diversidade e conflitualidade que caracteriza o Direito como todos os universos sociais, realçando o facto de que o Direito não é a única fonte de normas sociais, podendo, entre as suas categorias, distinguir-se a classe das normas jurídicas. O pluralismo jurídico representa a diversidade e as tensões que podem existir entre as práticas e as opções normativas[132], sendo um dos maiores contributos da Sociologia do Direito para a teoria do Direito, que pode adotar um conceito monista, identificado com o Direito estadual e com o Direito dos juristas, ou um conceito pluralista mais amplo nas sociedades contemporâneas[133].

A noção de pluralismo jurídico remete para a coexistência, dentro de uma ordem que não deixa de ter uma unidade e uma estrutura hierárquica, de diferentes práticas ou conceções, que se podem dever a particularidades dos contextos locais, hábitos de funcionamento das diferentes instituições, estilos de raciocínio jurídico ou a divisão territorial de aplicação[134]. Boaventura de Sousa Santos explora o conceito de pluralidade jurídica ou de ordens legais, rejeitando essa designação por poder transmitir erradamente que, o que é pluralista, é algo positivo e emancipatório, por oposi-

[127] Poiares, 2014, 2016.
[128] Poiares, 2023b.
[129] Hespanha, 1988: 31-32.
[130] Ascensão, 1993: 252.
[131] Faria, 2020: 116.
[132] Guibentif, 2007: 62-63.
[133] Cotterrell, 1983 *cit in* Alves, 2019: 45; Cotterrell, 2007: 1415 *cit in* Alves, 2019: 45.
[134] Guibentif, 2007: 64.

ção ao que não é pluralista[135]. A ideia de pluralidade jurídica propõe que na sociedade existem outras ordens jurídicas além da projetada pelo sistema jurídico-formal, reconhecendo que a principal fonte de poder e de controlo social nas sociedades atuais não se reduz ao poder estatal e ao Direito formal; e que o jurídico não se confina ao Direito estatal. A noção de pluralidade jurídica começa por surgir na antropologia legal[136], associada às experiências coloniais de vários países europeus em possessões ultramarinas, onde os costumes locais e tradicionais motivaram, em alguns casos, o reconhecimento por parte do Direito oficial de outras ordens legais e fontes de normatividade e regulação de certas áreas da vida social[137].

Em regra, como defende Maria Fernanda Palma, existe uma vinculação entre a noção de crime dos diversos grupos sociais e a definição legislativa, levando a que as representações sociais sobre o que é um desvio sejam normalmente reproduzidas pelo legislador. Mas, em diversos contextos culturais, a aceitação das decisões legislativas depende da receção das representações sociais dominantes por aquelas decisões[138], situação que se agudiza quando ocorrem os designados *legal transplants*, ou seja, quando determinados textos legais são simplesmente reproduzidos num contexto diferente do seu contexto de origem, apresentando uma forte probabilidade de não terem efetividade ou de terem efeitos muito diferentes dos que ocorreram no contexto de origem[139], em particular em contextos multiculturais. Pegando nas palavras de Augusto Siva Dias, o multiculturalismo, no sentido normativo, designa uma conceção ético-política sobre a organização justa de uma sociedade, procurando o reconhecimento do outro como um igual que é diverso, que não é isento a distorções, estratégias de dominação, conflitos, indignação e luta, mas possibilita um entendimento fundado no reconhecimento recíproco como sujeitos autónomos simultaneamente iguais e diferentes[140]. Por isso, um programa político-criminal deve ser compreendido com base numa não-intervenção moderada, onde o Estado e o seu aparelho formalizado do crime devem intervir o menos possível para um eficaz domínio da criminalidade dentro de cotas socialmente supor-

[135] Santos, 2002b: 89; 2009: 62.

[136] Griffiths, 1986; Rouland, 1988.

[137] Machado e Santos, 2011: 126.

[138] Palma, 2020a: 16.

[139] Guibentif, 2007: 23.

[140] Dias, 2020: 17.

táveis[141], sendo essencial que os alunos, nos cursos jurídicos, assimilem a relevância de disciplinas empíricas como o saber antropológico, sociológico e psicológico, bem como as suas perceções históricas, filosóficas e económicas, para o esclarecimento das motivações culturais no seio do Direito Penal[142].

[141] Dias, 2009: 124; Monte, 2020: 98.
[142] Weinreb, 2009: 280; Dias, 2020: 29.

2. Vigilância e obstáculos epistemológicos à prática jurídico-penal

Na presente secção, desenvolvemos uma análise aos obstáculos epistemológicos que se colocam ao ensino e à prática jurídico-penal. Na verdade, o modo como se ensina, *in casu* o Direito Penal, de forma mais ou menos neutra, *e.g.* um ensino despido de ideologia ou preconceitos de género e discriminatórios ou permitir um determinado grau de tolerância à violação da dignidade da pessoa humana face às especificidades culturais, pode conduzir a práticas jurídicas disfuncionais, *maxime* quando não são desenvolvidas com base no respeito pelos Direitos Humanos.

2.1. Obstáculos e vigilância epistemológica

A epistemologia ou teoria da ciência surge no século XIX e consolida-se no século XX em resultado do movimento designado como crítica das ciências, que se opõe ao dogmatismo cientista próprio do positivismo cientismo. Tem como objetivo vigiar as operações conceptuais e metodológicas de uma prática científica, anulando os obstáculos epistemológicos que entravam a produção de conhecimento[143], em particular quando surgem ruturas epistemológicas, irrupções de um novo processo de conhecimento científico.

Os obstáculos epistemológicos são elementos extracientíficos ou causas de inércia que, intervindo no interior de uma prática científica, impedem ou desvirtuam a produção do conhecimento, contribuindo para a

[143] Castells, 1975: 10.

subjetividade e resultados enviesados[144] como, por exemplo, o receio das consequências dos resultados ou os preconceitos do investigador. Assim, para mitigar esses entraves à objetividade científica, a vigilância epistemológica surge como um exercício de escuta permanente, que leva o cientista ao conhecimento adequado do erro e dos mecanismos capazes de o gerar um dos meios de o superar[145]. O investigador deve ser lúcido perante si próprio, mantendo a distância relativamente às suas próprias perceções, a fim de poder captar universos de pensamento muito afastados do seu[146], percebendo que podem existir desencontros de lógicas e maneiras de ver o social[147]. A nossa educação, as nossas opiniões, as convicções pessoais e a forma como percecionamos a realidade podem representar obstáculos epistemológicos. A opinião constitui o primeiro obstáculo a ultrapassar. O espírito científico proíbe-nos de ter uma opinião sobre questões que não sabemos formular claramente. Por outro lado, por vezes, uma ideia dominante polariza um espírito na sua totalidade. Um epistemólogo afirmava que os grandes homens são úteis à ciência na primeira metade da sua vida e prejudiciais na segunda, altura em que o espírito gosta mais daquilo que confirma o seu saber do que aquilo que o contradiz, preferindo as respostas às perguntas. Passa, então, a dominar o instinto conservador e o crescimento espiritual cessa[148]. Acresce que os poderes instalados também podem representar um obstáculo epistemológico: é possível *fazer* ciência num regime com menor tradição democrática? Kelsen idealizava uma teoria pura do Direito, uma teoria jurídica purificada de toda a ideologia política e de todos os elementos de ciência natural e ambicionava aproximar, tanto quanto possível, os seus resultados do ideal de toda a ciência: objetividade e exatidão[149]. Também Bourdieu centrou a sua investigação no debate entre o formalismo, que afirma a autonomia absoluta da forma jurídica em relação ao mundo social, e o instrumentalismo, que concebe o Direito como um reflexo ao serviço dos dominantes[150]. Mas as fragilidades metodológicas ou inatas ao investigador também podem representar um obstáculo,

144 Castells, 1975: 20; Blanché, 1983: 34; Bachelard, 2001.

145 Blanché, 1983: 19; Bourdieu, 1999: 11.

146 Albarello, 1997: 101.

147 Iturra, 2001.

148 Bachelard, 2001: 167.

149 Kelsen, 2008.

150 Bourdieu, 2011.

como o receio do impacto dos resultados do seu estudo, das reações, da crítica dos seus pares ou da comunidade em que se encontra inserido.

Piaget[151] entendia que não era possível um estudo objetivo da sociedade, pois toda a realidade social é constituída por factos materiais, intelectuais e afetivos que estruturam a consciência do investigador e que implicam valorizações com implicações nas atitudes e nos comportamentos. O cientificismo passou a ideia de que a subjetividade pertence ao mundo da ilusão. Hoje, sabemos que a subjetividade se constitui numa outra parte do real e que o importante é garantir uma aproximação da objetividade[152], obrigando o investigador a manter uma permanente vigilância epistemológica, um esforço para se distanciar dos obstáculos epistemológicos, fatores extracientíficos que travam, impedem ou desvirtuam a produção de conhecimento[153], afastando-nos do rigor, da objetividade e da isenção. Bachelard[154] fala-nos em causas de estagnação e regressão e que as nossas convicções podem representar obstáculos. Descartes referia que temos de tomar a iniciativa de duvidar (metodicamente), uma vez na vida, dos erros dos sentidos, da perceção e os erros da própria razão[155]. Não é fácil evitar que os vieses decorrentes da personalidade do cientista, do seu tempo e do seu ambiente local influenciem a direção da busca dos factos e as suas inferências a partir destes[156]. A escolha da pergunta de investigação, do título, do método, do caminho a percorrer, do modo como é selecionada a legislação, a doutrina e a jurisprudência e como são tratados e analisados os dados empíricos, tudo isto pode enviesar o resultado final: na redação descrevemos a realidade objetivamente? Vamos conduzir os resultados em função da nossa visão? É, por isso, importante lutar contra a evidência do saber subjetivo e manter uma vigilância crítica[157]. O conhecimento prático desempenha funções sociais precisas e os cientistas compartilham com os demais atores sociais pressupostos ideológicos[158], havendo sempre o perigo de o fator parcialidade se imiscuir na investigação, porque os cientistas são

151 Piaget, 1981: 336.
152 Gauer, 2002.
153 Castells e Ipola, 1975.
154 Bachelard, 2001.
155 Descartes, 1991.
156 Nunes, 2001.
157 Bardin, 2000.
158 Silva, 1986: 31.

humanos[159]. Acresce que, quando o investigador impõe o seu vocabulário, corre o risco de, por exemplo, colocar o informante perante a sua própria conceção do fenómeno a estudar, obrigando-o a aceitar a sua interpretação pessoal[160].

2.2. Do efeito *Rashomon* na prática jurídico-penal

Para aprofundarmos os obstáculos epistemológicos na prática jurídico-penal, entendemos pertinente abordar o efeito *Rashomon*, permitindo contribuir para uma melhor compreensão da relação entre o Direito e o método, a hermenêutica jurídica e o senso comum dos juristas, a investigação como ciência na lógica do Direito[161], alguns problemas éticos das profissões legais[162] e o que é o Direito para os juristas[163]. O efeito *Rashomon* conduz-nos à impossibilidade da verdade objetiva. Neste contexto, importa destacar a obra *Ricos e Pobres no Alentejo*, de José Cutileiro[164], que aborda as distinções sociais no seio de uma aldeia portuguesa. Nessa tese, somos levados a conhecer Vila Velha, uma comunidade rural do Alto Alentejo onde, em meados da década de 60 do século XX, Cutileiro efetuou o trabalho de campo conducente à tese de doutoramento em Antropologia Social, que defendeu na Universidade de Oxford[165], e da qual resultou a ideia de que é essencial, entre outros aspetos metodológicos relevantes, analisar e triangular as perspetivas diferentes e contraditórias sobre o mesmo facto social, para permitir uma maior aproximação à objetividade.

Neste enquadramento, ganha protagonismo o estudo do filme *Rashomon* (1950)[166], que se situa no Japão medieval e descreve o encontro de um criminoso com um samurai e a sua mulher na floresta. O mistério do filme advém de quatro diferentes relatos, no tribunal, sobre o mesmo acontecimento (um encontro sexual que pode ter sido sedução ou violação; e a morte do samurai que pode ter sido assassinato ou suicídio). Cada relato é

[159] Bell, 2002.
[160] Ghiglione e Matalon, 2001.
[161] Kirchmann, 1983; Huanca, 1997; Costa, 2008; Pereira, 2011.
[162] Abbot, 1902; Abbott, 1892.
[163] Brito, 2012.
[164] Cutileiro, 1971 e 1977.
[165] Ramos, 1990.
[166] Filme do diretor japonês Akira Kurosawa. No mesmo sentido, o filme *Ponto de Mira* (2008).

auto-explanatório, elaborado para dar credibilidade a cada relator. O efeito *Rashomon*, designação que saiu das conclusões de um grupo de sociólogos após a análise do filme com o mesmo nome, é uma fatalidade que persegue os cientistas: versões diferentes e contraditórias sobre o mesmo objeto de estudo. Daqui advém que em ciência não há verdade absoluta. E são essas versões contraditórias que contribuem para que o efeito *Rashomon* funcione como um estigma que persegue a investigação. O que interessa, na verdade, é saber porque é que há versões contraditórias, se as visões distintas se devem a motivações próprias, ideologias diferentes, falhas de memória, posicionamentos conforme a perspetiva de cada informante, etc. Deve-se, pois, sempre que possível, triangular a informação, sabendo que a subjetividade atravessa toda a investigação científica[167]. Em suma, em ciência não há verdade absoluta e a realidade é subjetiva e múltipla. No entanto, existem mecanismos para evitar situações contraditórias em pesquisas científicas que focam o mesmo objeto de estudo, os mesmos acontecimentos[168]. Para que haja ciência temos de ter alguns pressupostos reunidos: condições físicas, laboratórios, centros de investigação e, se necessário, financiamento; uma elite disponível para a reflexão e investigação; a possibilidade de contacto e partilha de conhecimento de âmbito nacional e internacional; e, como primeira condição, a liberdade. Sem liberdade não existe ciência: uma verdadeira fonte de conhecimento que se distinga das restantes fontes da verdade (a autoridade, a intuição, a tradição e o bom senso)[169].

Estes aspetos revestem-se de particular relevância no ensino e na prática jurídico-penal. O modo como um professor de Direito ensina ou como um juiz decide num julgamento, deve ser exercido tendo como luz orientadora um pensamento metódico, uma aplicação lógica do Direito assente na ciência, despida de preconceitos, em que se triangulam várias fontes (doutrina, jurisprudência, legislação interna, europeia e internacional, o conhecimento de outras ciências auxiliares, etc.) e versões da verdade, permitindo uma aproximação à objetividade e à solução mais adequada, respeitando a Ética e a dignidade da pessoa humana sem, contudo, deixar de ter em consideração as proveniências e as especificidades socioculturais dos interlocutores. Os professores de Direito Penal têm uma responsabilidade acrescida,

[167] Ramos, 1990; Poiares, 2021.

[168] Ramos, 1990: 76; Poiares, 2021.

[169] Horton e Hunt, 1981: 15-16; Poiares, 2021.

em particular quando formam as futuras elites administrativas das Polícias de Portugal e dos PALOP. Um oficial de Polícia, enquanto aplicador e escrutinador da prática do Direito Penal material e adjetivo, *maxime* no âmbito das suas competências como autoridade e órgão de polícia criminal, tem de interpretar metodologicamente e de forma distanciada os factos, respeitando a dignidade humana e os mínimos éticos e deontológicos, compreendendo que podem existir diferentes versões dos mesmos factos. Este é o objetivo último: uma prática jurídico-penal baseada no respeito pelo princípio da igualdade e a dignidade da pessoa humana, despida de preconceitos, onde a segurança não deve restringir a liberdade, apesar de sabermos que, sem liberdade, pode haver segurança. Mas sem segurança, não pode haver liberdade. Por isso, o Direito, em diálogo com a Sociologia e a Educação, tem um papel essencial na regulação da atividade policial em ambientes culturais conflituantes, *maxime* em Estados de direito democrático, para garantir que a discricionariedade da atuação policial é reduzida ao mínimo e que, independentemente das diferenças culturais com as quais a Polícia tem de interagir, não existem quaisquer violações dos Direitos Humanos.

2.3. O ensino jurídico-penal entre o cosmopolitismo e o multiculturalismo

Após uma análise às fontes de conhecimento, os obstáculos epistemológicos e os desafios que o ensino jurídico enfrenta hodiernamente, importa colocar a seguinte questão: como é que o Direito Penal deve ser ensinado num mundo de risco e globalizado? Deve existir, ou não, um ponto fixo, intransponível, que deve nortear o ensino, em particular quando se aborda o crime em contextos multiculturais? O crime, *in casu* a violência doméstica, pode admitir, em determinadas circunstâncias, uma tolerância cultural? E essa tolerância deve ser ensinada e assimilada pelos futuros juristas e aplicadores da lei ou, pelo contrário, deve ser analisada criticamente e rejeitada?

Esta questão complexa tem sido vivamente debatida no quadro do diálogo entre o multiculturalismo e o cosmopolitismo. O conceito de cosmopolitismo, ato ou efeito de universalização, de cosmopolizar, de tornar cosmopolita[170], termo oriundo da Filosofia Grega, é um processo que ocorre

[170] *In* https://www.infopedia.pt/dicionarios/lingua-portuguesa/cosmopoliza%C3%A7%C3%A3o (consultado em 26 de julho de 2021).

quando o homem deixa de ser um cidadão da polis e se torna um cidadão do mundo, e surge profundamente analisado na obra coletiva *Ashgate Research Companion to Cosmopolitanism*[171], onde são apresentados os principais debates e controvérsias sobre o tema através dos contributos de pensadores como o sociólogo alemão Ulrich Beck[172], o cientista político britânico David Held e a filósofa norte-americana Martha Craven Nussbaum, em torno do conceito de cosmopolitismo cultural, que se centra nos aspetos empiricamente fundamentados do cosmopolitismo que são aparentes em práticas mundanas e opções de estilo de vida na escala micro das interações diárias e nas experiências de indivíduos e grupos comuns em contextos situacionais e estruturas sociais concretas; e o conceito de cosmopolitismo político, que se foca em temas como os Direitos Humanos, a justiça e a democracia global, surgindo o cosmopolitismo como um ideal ético-político que visa conceber novas formas de governança supranacional e transnacional.

Ulrich Beck entende que, no século XXI, a condição humana não pode ser abordada nacional ou localmente, mas apenas globalmente. No seu entendimento, o conceito de imaginação sociológica, do cientista social norte-americano Wright Mills, *i.e.*, a capacidade de nos abstrairmos das rotinas familiares da vida quotidiana de maneira a poder olhá-las de forma diferente[173], tem sido a imaginação de um Estado-nação. O problema é como redefinir o quadro de referência sociológico no horizonte de um imaginário cosmopolita. Para esse efeito Beck apresenta uma distinção entre três conceitos: interconetividade e transformação global (David Held *et al.*)[174], a modernidade líquida, fluida, em movimento e imprevisível (Zygmunt Bauman)[175] e a cosmopolitização reflexiva, conceito central para Beck[176], que caracteriza a nova fase da modernidade como reflexiva, uma possibilidade de reinvenção da modernidade e das suas formas industriais. Para efeitos de análise social é necessário distinguir a manifestação nacional e a realidade cosmopolita de fluxos globais, correntes de informação, fundos monetários, os riscos emergentes, as pessoas e as desigualdades sociais. Essa cosmopolitização, muitas vezes invisível, é potenciada pelo

[171] Rovisco e Nowicka, 2011.

[172] Beck *in* Rovisco e Nowicka, 2011: 17.

[173] Mills, 1959; Giddens, 2009: 2-3.

[174] Held *et al.*, 1999.

[175] Bauman, 2000.

[176] Assim como para Anthony Giddens e Scott Lash.

poder da globalização económica. As principais questões do nosso modo de vida, como a nutrição, a identidade, o medo, o prazer, o destino, o poder e a política, não podem, segundo Beck, ser situados e analisados nacionalmente, mas apenas compartilhados globalmente pelo futuro coletivo, como os fluxos de capital, as catástrofes ecológicas ou económicas iminentes, as cadeias globais de alimentos, os jogos de poder transnacionais, etc. Beck analisa as transformações na compreensão do espaço-tempo, da identidade, dos paradigmas de produção, bem como as consequências para os conceitos sociológicos fundamentais como classe e poder e, nesse quadro, alguns dilemas do cosmopolitismo[177].

Em contraponto surge o conceito de multiculturalismo ou a *estranha multiplicidade* das sociedades contemporâneas[178] que, para o saudoso Professor Augusto Siva Dias, no sentido normativo, designa uma conceção ético-política sobre a organização justa de uma sociedade, procurando o reconhecimento do outro como um igual que é diverso, um entendimento fundado no reconhecimento recíproco como sujeitos autónomos simultaneamente iguais e diferentes[179], uma política ou estratégia de gestão da diversidade cultural e religiosa. Silva Dias, um multiculturalista moderado, dedicou uma importante parte do seu labor, desde 1994, à investigação sobre os problemas do Direito Penal numa sociedade multicultural, surgindo a Guiné-Bissau como um estudo de caso de base etnológica[180], através do qual analisou a relevância da motivação cultural como critério de responsabilidade penal e a capacidade de ressonância da motivação cultural ao nível do esquema aplicativo normativamente fundado, apelidado de teoria do crime e utilizado entre nós para atribuir responsabilidade criminal a alguém[181], a partir do postulado do pluralismo de culturas no Estado de Direito democrático[182]. Neste contexto, destaca-se a sua Obra "Crimes Culturalmente Motivados – O Direito Penal ante a 'Estranha Multiplicidade' das Sociedades Contemporâneas"[183], complementada por alguns

177 Beck, 2002.

178 Dias, 2015, 2016 (2018).

179 Dias, 2020: 17.

180 Dias, 2016 (2018): 9.

181 Dias, 2015; 2016 (2018): 21; Palma, 2017.

182 Dias, 1996, 2012 (2020), 2015, 2016 (2018), Palma, 2017.

183 Dias, 2015, 2016 (2018).

textos afins[184], e cuja análise conduz a um anti universalismo e para uma menor censurabilidade no plano da culpa[185]. Silva Dias aponta, como aspetos negativos da globalização ou da civilização global[186], a tendência para a uniformização dos modos de vida a partir de um modelo hegemónico, o ocidental e, em particular, o norte-americano; a crise do Estado de Direito e da democracia provocada pelos abusos do poder económico-financeiro, pela acentuação das desigualdades económicas e o aumento da exclusão social e pela destruição do ambiente; e a acentuação dos desequilíbrios económicos internacionais. Segundo Silva Dias, os fluxos migratórios transformam o tecido social e incrementam a complexidade cultural e religiosa das sociedades de destino, situadas em regra a norte e a ocidente, acrescentando ao pluralismo originário dessas sociedades novas manifestações de diversidade que permitem qualificá-las como sociedade multiétnicas, multiculturais e multirreligiosas, cujo aumento da diferenciação põe em crise a lógica do Estado-nação[187].

Como conceção crítica do multiculturalismo, que privilegia a coexistência pacífica e descura a interação e a integração social das minorias, surge o interculturalismo, para o qual o multiculturalismo, segundo Silva Dias, conduz à fragmentação das sociedades com consequências negativas nos planos da coesão social e da integração social das minorias etnoculturais. O interculturalismo propõe uma atuação assente no diálogo intercultural como meio de superação de tensões e preconceitos que dificultam a relação com o "outro", na procura de uma cultura cívica comum, dando forma a uma nova identidade política que acresce e se distingue das identidades primárias, num sentido coletivo que promove a coesão social[188]. Os crimes culturalmente motivados são factos que, segundo Jeoren Van Broeck, são praticados por um membro de uma minoria cultural, que são considerados puníveis pelo sistema jurídico da cultura dominante, mas que, dentro do grupo cultural do infrator, são factos tolerados ou aceites como comportamentos normais ou incentivados[189]. Silva Dias entendia que a distância entre certas práticas culturais e as valorações dos ordenamentos jurí-

[184] Dias, 1996, 2012 (2020), 2015.

[185] Palma, 2017.

[186] Conceito que Ulrich Beck designou como sociedade de risco mundial (Beck, 2015).

[187] Dias, 2016 (2018): 12-13.

[188] Otfried Höffe *cit in* Dias, 2016 (2018): 31-32.

[189] Van Broeck: 2001; Dias, 2016 (2018): 16-17.

dicos não deve causar uma estranheza que seja incompatível com a justiça da decisão penal[190] e que, por isso, existem fundamentos para sustentar a obrigação de as autoridades judiciárias indagarem se o agente pertence a um dado grupo etnocultural, se este adota e de que modo adota a tradição, uso ou prática cultural em questão e qual o grau de vinculação do agente a essa tradição, uso ou prática. Para Silva Dias, há nisto um sentido de justiça que não deve ser ignorado[191]. Por exemplo, a procura da regulação da sexualidade das jovens, para que assumam a condição de mães (e depois a de mulheres), através da mutilação genital, de modo a romper simbolicamente com uma fase da sua vida ou a integrarem-se na comunidade, assumindo a qualidade de membro, devia ser entendido como um valor e não apenas uma representação cultural[192]. Mas esse sentido de justiça, exige hermenêutica intercultural, um labor dialógico de aproximação de horizontes culturalmente distantes, que, segundo Silva Dias, os juízes não estão em condições de realizar, pois os estereótipos e preconceitos culturais provocam erros de projeção que podem inquinar a validade da decisão judicial e, para o evitar, é necessário institucionalizar no processo penal mecanismos que dotem o juiz de competências para a efetivação daquele labor, cuja institucionalização passa pela vinda ao processo penal de intervenientes pouco habituais[193].

Maria Fernanda Palma, por outro lado, não é tolerante ao multiculturalismo e entende que Silva Dias *peregrina* entre os casos em que o fator cultural é determinante, e outros em que o fator cultural não será determinante da exclusão da responsabilidade, ou seja, Silva Dias, não consegue, segundo a Professora, manter-se nos quadros de um absoluto determinismo cultural. A questão de fundo é saber se o Direito Penal, ao participar no projeto de libertação da pessoa pelo Direito, não terá de confinar criticamente o argumento cultural[194]. No entendimento de Maria Fernanda Palma, seria importante que o autor confrontasse com a crítica metodológica ao multiculturalismo, oriunda da orientação do cosmopolitismo, enfrentando a crítica metodológica do essencialismo e do ontologismo multiculturalista apresentada por Ulrich Beck, que considera a identidade étnica como uma

[190] Dias, 2015; 2016 (2018): 9.

[191] Dias, 2015; 2016 (2018): 222.

[192] Palma, 2017.

[193] Dias, 2015.

[194] Palma, 2017.

manifestação de nacionalismo metodológico, e que, de acordo com a premissa multicultural, o indivíduo não existe, ele é um epifenómeno da sua cultura[195]. Acresce que, para Maria Fernanda Palma, há um défice de análise sociológica na abordagem de Silva Dias, pois não se discute se os fatores culturais, funcionando através de lógicas de dominação, sobrevivência ou submissão e limitando as opções dos indivíduos, podem sustentar valores numa ótica multicultural[196]. Por isso, quando se pensa no modo como se deve ensinar o Direito Penal, é fundamental que os professores, nos cursos jurídicos, transmitam aos alunos um testemunho da relevância do saber antropológico, sociológico e psicológico, bem como as suas perceções históricas, filosóficas e económicas, para o esclarecimento das motivações culturais no seio do Direito Penal[197]. As sociedades, como defende Maria Fernanda Palma, requerem soluções de justiça como meio de satisfação de exigências culturais, históricas e existenciais. No entanto, tais soluções não têm de ser matéria de pura ideologia alheia à intervenção reconstrutiva e pacificadora na sociedade[198].

E é neste ponto que reside o *eixo da roda*, o *ponto fixo* que não podemos ultrapassar. No nosso entendimento, independentemente do contexto multicultural, o ensino jurídico-penal deve ter como luz orientadora o respeito pela dignidade da pessoa humana, onde a vida e a integridade física devem ser consideradas bens jurídicos invioláveis, assim como o respeito pela igualdade e a não discriminação. Arthur Kauffman fala-nos no princípio da tolerância no âmbito da lógica e da metodologia da ciência do Direito, o processo de conhecimento jurídico, a relação entre ser e dever, o Direito e a moral, os costumes, as convenções, os usos e os hábitos; a doutrina do espaço livre de Direito e o postulado da liberdade na sociedade pluralista de risco. Na formulação da norma jurídica, o legislador recorre à linguagem corrente, mas sem necessariamente ser constituída por ela, motivo pelo qual a linguagem jurídica não é idêntica àquela[199]. Mas, no domínio do processo de conhecimento jurídico, o crime não pode admitir tolerância multicultural, ainda que esse princípio possa colidir com os costumes, os usos e

[195] Beck, 2002; Palma, 2017.

[196] Palma, 2017.

[197] Weinreb, 2009: 280; Dias, 2020: 29.

[198] Palma, 2016: 115.

[199] Gaudêncio, 2012; Kaufmann, 2014.

hábitos de determinadas comunidades onde se encontra inserido o futuro aplicador da lei.

O ensino jurídico-penal que é lecionado em Portugal, *e.g.* no ISCPSI, representa um exemplo de uma metodologia ajustada ao contexto multicultural e que projeta, desde o primeiro dia do curso, um respeito total pelos princípios do Direito Penal Constitucional e a Declaração Universal dos Direitos Humanos, o que nem sempre é bem acolhido por alguns alunos, sobretudo no início do curso, conforme ficou espelhado nos contributos recolhidos através do inquérito aplicado[200], o que é natural em pessoas cujas proveniências apresentam referenciais socioculturais muito distintos, o que exige um ensino que os leve progressivamente a aderir, voluntaria e naturalmente, aos princípios que norteiam o ordenamento jurídico-penal português. Para Rui Pereira, a dignidade da pessoa humana é um pressuposto e um limite do próprio poder constituinte, entendida na dimensão kantiana de que a pessoa é um fim em si mesmo e não pode ser instrumentalizada para a prossecução das finalidades do Estado. Ou seja, tem de ser reconhecida e não consagrada pelo Estado. É o ponto de confluência de todas as correntes humanistas contemporâneas e não é um valor disponível ou transacionável numa perspetiva multicultural. A expansão do Direito Penal com o consequente alargamento dos bens e interesses que alcançam dignidade penal (*e.g.* a violência doméstica) resultou na interpelação da necessidade da pena com dignidade constitucional, enquanto instrumento com uma função de controlo crítico do poder punitivo e critério do Estado de direito democrático, onde as diferentes conceções de liberdade podem ter uma influência na necessidade da pena e, por essa via, a razão de ser do poder punitivo, onde só poderá existir uma harmonização por via, daquilo que Maria Fernanda Palma refere como a incomensurabilidade do valor da essencial e igual dignidade da pessoa humana[201].

Por isso, no ensino jurídico, *maxime* em contexto policial, a dignidade da pessoa humana representa um *ponto fixo* que não pode ceder a uma absorção ou aceitação, nem sequer moderada, ao multiculturalismo[202]. Mas, por outro lado, importa perceber se um maior ou menor grau de tolerância, a uma margem de *excesso* deve ser tolerada na ação policial, sob pena de essa

[200] Apêndice A.

[201] Palma, 2016: 106-110.

[202] Resposta ao Inquérito 2021 (Apêndice C).

ação se tornar ineficaz[203]. Rui Pereira admite que tem de ser reconhecida à Polícia uma latitude mínima de atuação indispensável ao exercício de funções, que não se confunde com arbítrio ou discricionariedade, sem a qual se cai no risco de anomia na manutenção da ordem pública e na prevenção e repressão da criminalidade[204].

[203] Pereira, 2020: 11-22.
[204] Pereira, 2020: 15.

Parte II
Violência doméstica e o ensino policial em contexto multicultural

3. Violência doméstica: entre a lei, a tradição e as representações sociais

No presente capítulo pretendemos analisar o fenómeno da violência doméstica, em particular uma das suas dimensões, *i.e.*, a violência conjugal[205], à luz da legislação, das tradições e das representações sociais nas sociedades africanas, variáveis que nem sempre encontram uma conciliação desejável. Para esse efeito, desenvolvemos um diálogo entre a Polícia, as tradições e as representações sociais, com base nos testemunhos recolhidos através dos 55 inquéritos aplicados; seguindo-se uma caracterização jurídica da violência doméstica, numa perspetiva comparada, em Angola, Cabo Verde, Guiné-Bissau, Moçambique, Portugal e São Tomé e Príncipe.

Maria Fernanda Palma defende que o crime é um facto típico e ilícito e punível, por ação ou omissão, e não apenas uma atitude, um estado de espírito ou uma intenção. O crime tem de exibir uma objetividade indiscutível, uma tradução no mundo exterior sobre a qual seja exercível um juízo afirmativo de verdade, de certeza[206], existindo uma vinculação entre a noção de crime dos diversos grupos sociais e a definição legislativa, levando a que as representações sociais comuns sobre o que é uma atividade criminosa sejam normalmente reproduzidas pelo legislador. No entanto, a aceitação das decisões legislativas depende da receção das representações sociais dominantes por aquelas decisões[207]. Assim, nos contextos analisa-

[205] Para Anthony Giddens a violência doméstica é um abuso físico de um membro da família em relação a outros membros (2009: 196).

[206] Palma, 2018: 13-34.

[207] Palma, 2020a: 16.

dos, verificamos que o legislador não tem conseguido reproduzir totalmente as representações sociais dominantes. Habermas via no Direito um dispositivo caracterizado pela sua pertença simultaneamente ao material (*Faktizität*) e ao simbólico (*Geltung*) que inspirou os efeitos simbólicos das leis, os efeitos que as leis teriam, para além dos comportamentos, sobre as representações sociais[208]. A importância da sintonia dessa reprodução é fundamental, *maxime* para os operadores do Direito que, quando são confrontados com um desfasamento entre o espírito do legislador e as representações sociais, tendem a exteriorizar disfunções no mandato profissional[209].

Para as vítimas de violência doméstica, as respostas da Polícia (*v.g.*, atendimento, aconselhamento, mediação e detenção) revestem-se de grande simbolismo, pois revelam o nível de tolerância social relativamente a uma conduta, considerando-a como criminosa ou não, justificando uma atuação em conformidade[210]. Por isso, a intervenção neste âmbito exige uma articulação entre as componentes jurídica, policial, logística, económica, saúde, educação, social e cultural[211], obrigando uma formação interdisciplinar não só dos polícias, mas também dos procuradores, juízes e técnicos de saúde e intervenção social[212]. Mas, a par desse investimento na formação, é essencial, no domínio social e cultural, que os polícias estejam inseridos num quadro legal que esteja alinhado coerentemente com as práticas e os costumes das comunidades, com as quais interagem. Sabemos que o costume, *per si*, é jurídico, na medida em que traz ordem à sociedade, e que o Estado pode condicionar a medida em que os seus órgãos aplicam o direito costumeiro[213]. Contudo, como refere Paulo de Sousa Mendes, mais complexa é a questão de saber se as pessoas têm alguma margem para responder diversamente, em função das suas idiossincrasias culturais. Os modernos ideais do pluralismo liberal implicam a possibilidade de haver mais do que uma resposta justa e equitativa para muitas das situações da vida em que escolhemos uma razão para agir de certa maneira[214].

208 Habermas, 1992; Guibentif, 2007.

209 Poiares, 2014, 2016 e 2019.

210 Brown, 1984; Gracia, 2004; Poiares, 2014; Holder, 2001 cit. in Sani e Morais, 2015: 7.

211 Lisboa, 2005: 9.

212 Palma: 2019: 56; Poiares, 2014; Sani e Morais, 2015.

213 Ascensão, 1993: 252.

214 Mendes, 2020: 149.

3.1. Polícia, Lei e representações sociais

Não existem sociedades sem crime. José de Faria Costa defende que o Direito Penal e o crime são conaturais ao nosso mais profundo modo-de-ser com os outros: *ubi societas, ibi crimen*[215]. Para o sociólogo Émile Durkheim, o crime seria a expressão do funcionamento normal de todas as sociedades, com um sentido de utilidade para o progresso e a evolução social[216], fenómeno cuja compreensão suscitou a curiosidade por parte de diversos cientistas sociais. No início da década de 60 do século XX desenvolveu-se a denominada 2ª Escola de Chicago (*new chicagoons*) com autores que se enquadravam no interacionismo simbólico, como Howard Becker, Edwin Lemert e Erving Goffman[217]. Becker, fundador da perspetiva criminológica designada como *labelling aproach*, na sua obra clássica *Outsiders* (1963), afirmava que o desvio não é uma qualidade interna dos factos sociais, uma qualidade ontológica da ação, mas antes o resultado duma reação social, o produto dos grupos sociais que criam as regras cuja violação a suscita e que aplicam com sucesso (*i.e.*, estigmatização) a qualificação de desvio aos que violam as normas. O delinquente distinguir-se-ia do homem normal devido a essa estigmatização. É, assim, uma criação social[218]. Mas essa qualificação, como vimos, nem sempre encontra uma sintonia entre a visão do legislador e o quadro referencial dos cidadãos. E é neste contexto que surge o mandato policial que, por vezes, tem de encontrar um equilíbrio entre essas duas visões díspares, aproximando-as, mantendo a harmonia social possível, pois podem surgir reações negativas quando se tenta implementar um quadro legal que nem sempre corresponde aos anseios e às representações sociais dos cidadãos[219], sem olvidar a necessidade de respeitar os direitos humanos. Existem experiências internacionais, no campo da formação de polícias em Estados pós-conflito, que são reveladoras, por exemplo, da preocupação das Nações Unidas na sedimentação da ética no seio da instituição policial, apesar de ser necessário rever os critérios do perfil internacional dos polícias e formadores oriundos de países que não

215 Costa, 2007: 15.

216 Durkheim, 1893, 1895 e 1897: Dias e Andrade, 1997; Machado, 2008; Palma, 2020a.

217 Machado, 2008: 95.

218 Becker, 1963; Dias e Andrade, 1997: 49-56; Machado, 2008: 97-98; Palma, 2020a: 34.

219 Elias, 2006.

respeitam os princípios consagrados na Declaração Universal dos Direitos Humanos[220].

Portugal, através da Resolução da Assembleia da República nº 4/2013, de 21 de janeiro, aprovou a Convenção do Conselho da Europa para a Prevenção e o Combate à Violência contra as Mulheres e a Violência Doméstica, adotada em Istambul, a 11 de maio de 2011[221]; e veio reconhecer que a violência contra as mulheres é uma manifestação das relações de poder historicamente desiguais entre mulheres e homens que conduziram à dominação e discriminação contra as mulheres pelos homens, o que as impediu de progredirem plenamente; que a natureza estrutural da violência exercida contra as mulheres é baseada no género, e que a violência contra as mulheres é um dos mecanismos sociais cruciais pelo qual as mulheres são forçadas a assumir uma posição de subordinação em relação aos homens; que mulheres e raparigas estão muitas vezes expostas a formas graves de violência, tais como a violência doméstica, o assédio sexual, a violação, o casamento forçado, os chamados *crimes de honra* e a mutilação genital, os quais constituem uma violação grave dos Direitos Humanos das mulheres e das raparigas e um obstáculo importante à realização da igualdade entre mulheres e homens; as violações dos Direitos Humanos que ocorrem durante os conflitos armados e afetam a população civil, em especial as mulheres, sob a forma de violação e violência sexual generalizadas ou sistemáticas, bem como o potencial para o aumento da violência de género em situação de conflito e de pós-conflito; que as mulheres e as raparigas estão expostas a um maior risco de violência de género que os homens; que a violência doméstica afeta as mulheres de forma desproporcional e que os homens também podem ser vítimas de violência doméstica; e que as crianças são vítimas de violência doméstica, designadamente como testemunhas de violência na família.

Para esse efeito, nos termos do art. 12, nº 1 da referida Resolução, foi determinado, no domínio da prevenção, que as partes devem adotar as medidas necessárias para promover mudanças nos padrões de comportamento socioculturais das mulheres e dos homens, tendo em vista a erradicação de preconceitos, costumes, tradições e de todas as outras práticas

[220] Elias, 2006: 503-504.

[221] Convenção do Conselho da Europa para a Prevenção e o Combate à Violência contra as Mulheres e a Violência Doméstica, 2011.

assentes na ideia de inferioridade das mulheres ou nos papéis estereotipados das mulheres e dos homens. Nos termos do nº 3 do mesmo artigo, todas as medidas adotadas devem ter em conta e visar as necessidades específicas das pessoas que se tornaram vulneráveis devido a circunstâncias particulares, bem como centrar-se nos direitos humanos de todas as vítimas e, nos termos do nº 5, as partes devem garantir que a cultura, os costumes, a religião, a tradição ou a pretensa "honra" não servem de justificação para os atos de violência abrangidos pelo âmbito de aplicação da Convenção.

A formação, no âmbito dos princípios balizadores do Direito Penal e dos Direitos Humanos é, por isso, considerada essencial na formação das futuras elites administrativas das forças de segurança dos PALOP, apesar de essa assimilação de conhecimentos mínimos ético-axiológicos, de matriz europeia – no caso da formação ministrada no ISCPSI – encontrar dificuldades na aplicação prática nos contextos locais, atendendo às representações sociais que podem tornar o cumprimento da lei inefetivo. A este propósito, Rui Pereira entende que, paradoxalmente, quanto mais difícil se revelar a observância do princípio da essencial dignidade da pessoa humana e a aplicação dos seus corolários de universalidade e igualdade, mais necessária terá sido a sua aprendizagem e assimilação. Tal aprendizagem serve precisamente para contrariar práticas violadoras dos Direitos Humanos, porque o respeito por esses direitos também se ensina[222].

Assim, 74% da amostra de informantes (*in casu*, 11 mulheres e 26 homens), sobretudo os alunos provenientes de Cabo Verde, entende que não vai sentir dificuldades em aplicar os princípios e valores assimilados em Portugal, aquando do estudo do Direito (*maxime* o Direito Penal e os Direitos Humanos), no futuro mandato profissional, atendendo que os ordenamentos jurídicos são semelhantes, ainda que exista a necessidade de uma adaptação ao contexto local e que estejam sinalizadas algumas violações ao respeito pelos direitos humanos. Vejamos:

> Não, uma vez que o ordenamento jurídico de Cabo Verde é semelhante, tanto no que toca ao Direito Penal como a defesa dos Direitos Humanos (5.CV.H.3).

[222] Resposta ao Inquérito 2021 (Apêndice C).

Não, visto que o ordenamento jurídico cabo-verdiano é muito análogo ao português, contudo, esses princípios e valores devem ser aplicados de acordo com a realidade do nosso país (7.CV.F.4).

As realidades da sociedade cabo-verdiana e portuguesa possuem muitas similitudes, a nível social, político, jurídico e até cultural, pelo que, atendendo ao contexto (...), não vejo dificuldades na aplicação dos princípios e valores aqui transmitidos. Até diria o contrário, acho que facilitará no exercício das funções no futuro, pois as exigências, pressões ou poderes de controlo e escrutínio são iguais (18.CV.H.4).

(...) o sistema jurídico cabo-verdiano acaba por espelhar o português, isto por causa da influência do Direito português na ordem jurídica cabo-verdiana; e segundo porque no panorama policial cabo-verdiano apesar das nossas particularidades em relação ao que se vive na Europa (Portugal), o ensino do Direito Penal e dos Direitos Humanos é uma realidade presente no plano curricular no Curso de Formação de Agentes (42.CV.H.5).

(...) devemos sempre ter presente os princípios que norteiam a nossa atividade, observando o ordenamento jurídico na sua totalidade. Aquando dos princípios, o mais difícil na minha perspetiva, não é assimila-los, mas sim conseguir concilia-los na prática, de acordo com situação em concreto. No entanto, a lei diz o que fazer, mas não diz como fazer, e é aqui que as forças de segurança sentem mais dificuldades (50.CV.H.5).

(...) uma vez que o ordenamento jurídico do meu país foi inspirado quase tal e qual o ordenamento jurídico português, nomeadamente na matéria do Direito Penal e dos Direitos Humanos (23.GB.H.2).

Não, os princípios e valores assimilados, no âmbito do estudo Direito em particular Direito Penal e dos Direito Humanos, visto que as leis da Guiné-Bissau são muitos semelhantes às de Portugal, e até porque as nossas leis são sempre criadas nas bases das leis portuguesas, embora com alterações por forma de serem adaptados às realidades locais (24.GB.H.3).

Não. A aplicação do Direito Penal é semelhante ao meu país, existem algumas lacunas em relação à questão dos Direitos Humanos, mas com os conhecimentos aqui adquiridos saberei dar volta à situação (8.ST.H.3).

Não. Os valores assimilados (...) são muito similares aos de São Tomé e Príncipe, uma vez o Direito Português é o modelo de referência em São Tomé e

Príncipe. Todavia, apenas difere a realidade, sendo necessário o ajustar ao contexto do país (21.ST.F.5).

Não, porque os princípios e valores estão previstos no ordenamento jurídico moçambicano (13.MZ.H.4).

Não. Para mim acho que não terei dificuldades em aplicar os princípios e os valores assimilados no ISCPSI durante os 5 anos de formação como também o Direito Penal português e dos Direitos Humanos. É questão de tempo e tentar enquadrar o que aprendi com a realidade do meu país (31.MZ.H.5).

Por outro lado, 26% da amostra, que representa treze informantes (três mulheres e dez homens), entende que vai sentir dificuldades na aplicação dos princípios e valores assimilados em Portugal, aquando do estudo do Direito Penal e dos Direitos Humanos, no seu futuro mandato profissional. Destacamos o facto de nenhum dos respondentes ser de Cabo Verde: ST (2), GB (3), ANG (3) e MZ (4). Essas dificuldades, segundo os informantes, vão dever-se ao facto de a realidade portuguesa e africana serem diferentes (*e.g.*, a realidade cultural e religiosa, a interpretação das normas, uma *maneira africana de viver a vida*), o que não permite uma aplicação pacífica dos princípios assimilados. É ainda destacado que nem sempre é positivo o processo designado como *legal transplants* (transplantes legais), uma das preocupações clássicas da Sociologia do Direito, quando determinados textos legais são simplesmente reproduzidos num contexto diferente do seu contexto de origem e que, por esse motivo, têm uma forte probabilidade de não ter efetividade, por via da perceção da inutilidade das leis, ou de ter efeitos muito diferentes dos que tiveram no contexto de origem[223]. Vejamos:

(...) pode haver dificuldade na aplicação penal em certos assuntos, por exemplo, na circuncisão feminina, é uma prática que foi criminalizada, mas que não tem grande aplicabilidade penal, tendo em conta a realidade cultural e religiosa, algumas etnias tinham a prática como um facto cultural que o Estado não podia tirar (19.GB.H.5).

(...) as realidades são diferentes, é óbvio que os direitos humanos são mais respeitados em Portugal, em comparação com o meu país (41.GB.H.4).

[223] Guibentif, 2007: 23.

A dificuldade é inevitável (...) são realidades diferente e muitas das vezes temos de ter que usar o bom senso para aplicar os respetivos princípios e outros valores aprendidos (22.ST.H.4).

(...) as realidades (portuguesa vs. moçambicana) são diferentes e, para haver aplicabilidade do direito e/ou norma, deve-se considerar para além de outros fatores, o contexto. Mas, é só uma questão de os adaptar porque, na maior parte destes princípios e valores são semelhantes com os que norteiam o ramo jurídico moçambicano, o que por vezes difere são as interpretações (34.MZ.F.3).

(...) o direito positivado nem sempre retrata a real necessidade das populações, importa realçar que fazemos parte de um outro país que tem a sua própria história, origem e identidade cultural, temos uma maneira africana de viver a vida, e uma lei que não é vista como legítima por parte da população, naturalmente haverá resistência (15.ANG.H.4).

A dificuldade será mais na aceitação de outras pessoas (14.ANG.H.4).

(...) a sociedade angolana e a sociedade portuguesa são muitos distintas. (...). As dificuldades poderão estar presentes quando se pretender aplicar princípios e valores que não se coadunam com a realidade que se vive em angola, pois, para se criarem leis para um determinado povo é necessário que se conheça o mesmo, bem como a sua realidade para que o mesmo se possa rever nas normas aquando da sua execução. A meu ver, não é certo que se faça valer normas que regem a vida de uma sociedade, quando as mesmas normas não tenham sido inspiradas nessa sociedade. É necessário que o legislador emane as normas tendo em vista o seu destinatário para não se viver um sentimento de injustiça, prejuízo para estes e um sentido de inutilidade das leis (16.ANG.F.3).

Os informantes ex-alunos demonstraram que os princípios assimilados em Portugal, no âmbito do Direito Penal e dos Direitos Humanos, são fundamentais para o mandato profissional nos seus contextos de trabalho.

(...) tenho a certeza que são valiosos no desempenho do meu mandato (01.ANG.H).

Os princípios e valores do Direito Penal e dos Direitos Humanos são universais e foram de uma utilidade ímpar na minha vida profissional (03.ST.H).

> Penso que esses princípios foram uma mais-valia no meu processo de aprendizagem, o que facilitou a aplicação, tanto teoricamente como na prática (04.ST.H).

No entanto, um dos informantes ex-aluno, natural de ST, referiu que o seu país tem um longo caminho a percorrer no domínio do respeito pelos princípios essenciais num Estado de Direito Democrático, o que dificulta a aplicação dos valores assimilados em Portugal:

> Embora a lei/justiça deveria ser cega e por estarmos a falar de Estados de Direito Democrático, infelizmente, considero que São Tomé e Príncipe ainda tem muito a evoluir no que toca ao respeito pelos princípios da atuação policial, como o princípio da legalidade, da justiça, da imparcialidade, da isenção, etc. Logo, nem sempre é possível aplicar exatamente o que aprendi. No entanto, considero que esta é uma das minhas forças que me move: contribuir para a melhoria destes aspetos (02.ST.H).

Relativamente às limitações à implementação legal por parte da dimensão cultural, no que diz respeito à violência doméstica, os alunos cabo-verdianos estão divididos. Metade da amostra entende que a dimensão cultural limita a dimensão normativa, com base no analfabetismo, o desconhecimento da lei, o machismo e a imagem enraizada de que o homem é superior à mulher, sobretudo no interior das ilhas. Vejamos:

> Sim, por haver uma taxa significativa de analfabetos e outras pessoas mais antigas, outras que vivem no meio rural que não estão conscientes da gravidade do crime (3.CV.H.4).
>
> Na minha opinião a sociedade cabo-verdiana é uma sociedade bastante machista. Predomina a ideia de que o homem é superior à mulher. Isso dificulta, muitas vezes a aplicação da dimensão legal, sendo, por vezes, as próprias vítimas a contribuírem para tal (6.CV.H.4).
>
> (...) esta limitação é verificada com mais intensidade no interior das ilhas, onde as pessoas seguem com mais rigor os valores e princípios da igreja, entendendo que a violência baseada no género (VBG) é uma questão que deve ser resolvida no seio familiar, e não como um caso de polícia (7.CV.F.4).
>
> (...) a cultura (...) continua a ter uma influência na (in)diferenciação dos papéis ou na emancipação da mulher, sobretudo nas ilhas menos desenvolvi-

das ou no meio rural. (...) há estudos que realçam a existência de disparidades entre homens e mulheres, revelando que existem diversas áreas nas quais elas estão em posições de desvantagem (18.CV.H.4).

(...) é inegável que a dimensão cultural faz com que a VBG seja vista com naturalidade na sociedade (...). A VBG é limitada imensamente no quesito cultural, a forma como as pessoas se posicionam, vivem, interpretem e representam a sua identidade de género, é resultado de um contexto social cultural. (...). As mulheres sempre foram vistas como o elo mais fraco da sociedade. Todavia, com o acesso a educação e formação, no mercado de trabalho a imagem da mulher na sociedade tem mudado consideravelmente, onde se inicia a luta pelo empoderamento. Para elas o empoderamento é uma questão de sobrevivência, pois a desigualdade ainda persiste bem como os atos de violência (...). Até à presente data, ainda suscitam dúvidas sobre a lei e a própria VBG no meio da sociedade (29.CV.F.1).

Contudo, a outra metade da amostra cabo-verdiana (cinco alunas e quatro alunos) não revelou o mesmo entendimento, ao defender que a maioria dos cidadãos de Cabo Verde tem um posicionamento de repudiamento do crime de VD, sobretudo desde a entrada em vigor da Lei de VBG, em 2011, e que as pessoas se encontram bem informadas e conhecedoras dos seus direitos e deveres em relação a esta matéria, e que a cultura não representa um entrave na aplicação da dimensão legal.

Por outro lado, os alunos guineenses entendem que a dimensão cultural, no seu país, limita a dimensão normativa, no que diz respeito à VD, desde logo porque ainda se vive numa sociedade onde as mulheres não têm voz:

Sim, porque nós temos uma sociedade muito conservadora porque alguns acham que é uma prática cultural e étnica (2.GB.H.1).

(...) porque há poucas denúncias e muita vezes mesmo que as autoridades policiais tomem conhecimento da situação e querer resolvê-la, as pessoas preferem resolver estes casos na comunidade de acordo com os seus usos e costumes (11.GB.F.5).

Sim, a dimensão cultural limita a aplicação prática, principalmente nas comunidades rurais (19.GB.H.5).

(...) a cultura é um dos fatores condicionantes da aplicação da LVD, na GB este fato é notável porque existe um ditado em África que diz "o homem é que manda na família e as mulheres e filhos só obedecem". Deste modo, o homem é visto como chefe de família na qual as mulheres não têm voz perante a figura do homem, nem tão pouco se podem opor a ela. Caso isso se verifique existe uma enorme probabilidade de ocorrer um caso que se enquadre na VD. Portanto este fator leva em muitos casos mesmo que acontece a VD, nos casos não são denunciados porque o costume ou a cultura local os considera como normal o "homem bater na sua esposa e no seu filho" ou o "namorado bater na sua namorada". Outra situação, é que as pessoas têm em mente de que quando o caso é denunciado, dá sempre origem à separação dos cônjuges, fato que leva as pessoas (vítima ou outro) a preferirem não participar os casos na Polícia (20.GB.H.5).

(...) principalmente na zona rural, onde população é menos informada por vários motivos. Por outro lado, as vítimas (mulher e criança), estão conformadas com a ideia que os homens são os chefe de família e estão legitimados (...) sendo que a vítima incorre risco de ser rejeitada na família ou até mesmo na sociedade (23.GB.H.2).

Sim, a dimensão cultural ainda limita a aplicação da dimensão legal no meu país, neste caso a Guiné-Bissau, tendo em conta é um país culturalmente bastante diversificado, e essa cultura varia de etnia para etnia, passando desde a diferença de manifestação cultural, linguística, costumes etc. Essas diferenças de manifestações culturais são observadas nos casamentos, cerimónias fúnebres, cerimónias de iniciação, desde logo cada uma das essas etnias têm um olhar diferente sobre estes factos (24.GB.H.3).

Os alunos santomenses entendem que a dimensão cultural também limita a dimensão normativa, no que diz respeito à VD, sobretudo nas regiões do interior do país, como um reflexo da cultura e das tradições que se consubstanciam em submissões e dependências económicas e financeiras por parte das mulheres em relação ao homem, o que limita a aplicação estritamente legal da lei em muitos casos. Acresce que a maioria dos alunos moçambicanos (83,3%) também entende que a dimensão cultural limita a dimensão normativa, sobretudo nas regiões mais distantes da capital, em que a cultura é dominante em detrimento da lei, devido à pluralidade de culturas e à extensão do país, que levam a encarar a violência doméstica como algo normal. Vejamos:

Sim, há zonas em que a cultura é dominante em detrimento da Lei (13.MZ.H.4).

> Estamos muito longe de consciência sobre este mal que vitima muitas famílias, falta de condições financeiras na maioria das mulheres acabam as vítimas retirando a queixa com medo de represálias financeiras (30.MZ.H.5).
>
> Sim, em algumas zonas do país mais concretamente nos distritos e postos administrativos distantes da cidade capital (31.MZ.H.5).
>
> Sim, sobretudo por existir uma pluralidade de culturas o que muita das vezes, a cultura ou tradição, vê-se confrontada pelas leis, como a VD que ainda é um assunto novo em algumas zonas do país (34.MZ.F.3).
>
> O país é extenso e não tem uma cultura padronizada (35.MZ.H.4).
>
> (...) existem zonas em que a VD é algo normal, banalizado pela sociedade, por via da existência de várias culturas (39.MZ.H.2).
>
> A dimensão cultural em algumas regiões do país ainda interfere no processo legal relacionado com o crime de violência doméstica (40.MZ.H.1).

Por fim, os alunos angolanos entendem que a mulher continua muito dependente do homem e a dimensão cultural é limitadora porque, para se viver com uma mulher, o homem é obrigado a fazer o alembamento, a entrega de um dote ou tributo de honra que o homem presta à família da noiva. Esta prática cultural leva a que muitos homens sintam superioridade perante a mulher, sendo comum ouvir *eu dei tudo o que a sua família pediu*. Segundo os informantes, a violência na família é tolerada por parte das vítimas, ganhando o rótulo de *assuntos de casal*, em que a vítima vê como legítima a agressão que sofre dentro de casa. Angola apresenta uma cultura muito conservadora, onde existe o costume de se resolverem estes assuntos no seio familiar, na perspetiva de manter a família unida, uma vez que, no entendimento de muitos cidadãos, a lei existe para destruir a união familiar, culminando na separação dos cônjuges em detrimento do futuro dos descendentes. Porém, há quem se recuse a resolver estes litígios através dos mecanismos tradicionais, optando apenas pela separação e/ou pelo recurso à lei.

Em Angola e em São Tomé e Príncipe, segundo os ex-alunos, a dimensão cultural limita a dimensão legal, inclusive no que diz respeito à VD. Para esta realidade contribui o desconhecimento da lei, as assimetrias culturais e educacionais, a ideia enraizada de que a violência nas famílias não diz respeito ao Estado, a par da dependência financeira da mulher em relação ao homem e a ausência de instituições de acolhimento para vítimas.

(...) existe uma assimetria cultural e educativa que limita não só a interpretação da lei como é evidente o predomínio das práticas ancestrais e culturais enraizadas. (...). As entidades oficiais ainda encontram muitos entraves no combate à VD e outras práticas a ela associadas (01.ANG.H).

Em muitos casos, são as próprias vítimas e familiares da vítima que não querem a punição dos seus parceiros. As mulheres ainda são muito dependentes, financeiramente, dos homens e não existe em São Tomé e Príncipe nenhuma instituição de acolhimento a vítimas de VD (03.ST.H).

(...) existe ainda algum desconhecimento da lei. Ou seja, culturalmente foi disseminada a ideia durante muitos anos que ninguém se devia meter nos problemas entre um casal. Esta situação origina algum encobrimento desses casos no seu seio social, não obstante várias campanhas de sensibilização para desmistificar essa situação (04.ST.H).

3.2. A violência doméstica em Portugal

A violência doméstica em Portugal surgiu, a par dos maus tratos, os crimes de género ou a pornografia com menores, como um novo direito do Direito Penal, em conexão com as linhas de rumo da reforma penal europeia e portuguesa[224]. Na realidade, a luta contra a violência doméstica, é uma decorrência da igual dignidade da pessoa humana proclamada pelo art. 1º da Constituição. No entendimento de Rui Pereira, trata-se de eliminar desigualdades que, ainda há não muitos anos, atingiam níveis que hoje parecem absurdos e ainda não foram eliminados por completo[225]. O atual Código Penal Português introduziu o crime de maus-tratos ou sobrecarga de menores e de subordinados ou entre cônjuges, constituindo a primeira designação mais aproximada do tipo previsto no art. 152º atualmente em vigor. Foi Eduardo Correia quem propôs a autonomização do crime de maus tratos nos artigos 166º e 167º do Projeto do CP sem, no entanto, prever os maus tratos entre cônjuges, ilícito que veio a ser introduzido na redação do CP pela Comissão Revisora, ficando a constar do nº 3 do art. 153º[226]. Em 1995, o CP, através do Decreto-Lei nº 48/95, de 15 de março, passou a prever a aplicação de pena de prisão aos crimes de maus-tratos físicos ou psíquicos infligidos pelo cônjuge ou quem com ele

[224] Palma, 2016: 106.

[225] Pereira, 2007: 2.

[226] Nunes e Mota, 2010: 133; Poiares, 2020.

conviver em condições análogas às dos cônjuges no crime designado de "Maus-tratos ou sobrecarga de menores, de incapazes ou do cônjuge". Em 1996 foi elaborado um projeto de revisão do Código Penal, onde foi proposto que o crime de maus-tratos passasse a ser público, surgindo diversas vozes discordantes com base na ideia de que a mulher podia ser prejudicada pelo procedimento criminal, por depender economicamente do marido. Mas hoje ninguém se *atreve* a discutir essa qualificação[227]. Posteriormente, a Lei nº 65/98, de 2 de setembro introduziu uma alteração que permitiu ao MP dar início ao procedimento se o interesse da vítima o impusesse e esta se não opusesse, nos termos do art. 152º, nº 2, do Código Penal[228]. Com a Lei nº 7/2000, de 27 de maio, que procede à quinta alteração do Decreto-Lei acima mencionado, alterou-se a natureza semipública do crime, agora denominado de "Maus-tratos e infração de regras de segurança", para pública, passando a prever o alargamento ao progenitor de ascendente comum em 1º grau[229]. A modificação da natureza do crime permitiu ao Estado acionar a ação penal sem o consentimento da vítima. A partir deste momento, de acordo com o artigo 244º do CPP, qualquer pessoa que tenha conhecimento do crime, pode denunciá-lo ao MP, a outra autoridade judiciária ou aos órgãos de polícia criminal, sendo a denúncia do crime obrigatória para as entidades policiais e para os funcionários, na aceção do artigo 386º do CP, se tomarem conhecimento do crime no exercício das suas funções e por causa delas, sendo que o MP tem legitimidade para promover o processo penal, independentemente da vontade da vítima, de acordo com o art. 48º do CPP[230]. Ao constituir-se como crime público é dado mais um passo no reconhecimento da importância deste problema social, intensificando-se a ação do Estado na esfera privada da família, adquirindo outra visibilidade[231].

Em 2007, ocorreu a décima quinta alteração ao CPP e foram reforçadas as medidas de proteção da vítima[232] e, com a reforma penal introdu-

[227] Pereira, 2007.

[228] Segundo Rui Pereira (2007), o crime passou a ser "quase-público", mas a solução ainda não era satisfatória por continuar a potenciar constrangimentos contra a vítima por parte do agente do crime.

[229] Morais, 2019: 38.

[230] Lemos, 2019.

[231] Lourenço e Carvalho, 2000: 58; Poiares, 2020.

[232] Mendes, 2018: 41-43.

zida pela Lei nº 59/2007, de 4 de setembro, a epígrafe do artigo 152º passou a designar-se violência doméstica. Este crime corresponde a qualquer ato, conduta ou omissão que sirva para infligir, de modo reiterado ou não, sofrimentos físicos, sexuais, mentais ou económicos, de modo direto ou indireto (*e.g.* castigos corporais, privações da liberdade e ofensas sexuais), a qualquer pessoa que habite no mesmo agregado doméstico privado. O arguido, ainda que não habite no mesmo agregado doméstico privado que a vítima, passa a ser punido se infligir os maus-tratos a cônjuge ou ex-cônjuge, a pessoa que mantenha ou tenha mantido uma relação de namoro ou análoga à dos cônjuges e a progenitor de descendente comum em 1º grau. Relativamente às pessoas particularmente indefesas, em razão da idade, deficiência, doença, gravidez ou dependência económica, estas têm de coabitar com o mesmo de acordo com a al. d), nº 1, do art. 152º do CP. As relações de namoro ou relações análogas às dos cônjuges, foram incluídas em 2013, com a 29ª alteração ao CP, por força da Lei nº 19/2013, de 21 de fevereiro. A 45ª alteração ao CP, aprovada pela Lei nº 16/2018, de 27 de março, passou a integrar na previsão de qualificação do homicídio os crimes cometidos no âmbito de uma relação de namoro[233].

Foram ainda, em paralelo, emanados diversos diplomas e diretivas, como a Lei nº 61/91, de 13 de agosto, que reforçou a proteção legal das vítimas, ou os Planos Nacionais contra a VD[234], onde os conselhos municipais de segurança também assumiram a prevenção da VD[235]. A Lei nº 130/2015, de 4 de setembro, procedeu à vigésima terceira alteração ao CPP e aprovou o Estatuto da Vítima[236], transpondo a Diretiva 2012/29/UE do Parlamento Europeu e do Conselho, de 25 de outubro de 2012, que estabelece normas relativas aos direitos, ao apoio e à proteção das vítimas da criminalidade e que substitui a Decisão-Quadro 2001/220/JAI do Conselho, de 15 de março de 2001. Em 2019, a Procuradoria-Geral da República estabeleceu procedimentos uniformizadores a observar pelo Ministério Público na área da vio-

[233] Poiares, 2020.

[234] I PNCVD (1999-2002); II PNCVD (2003-2006); III PNCVD (2007-2010); IV PNCVD (2011-2013); e V PNCVD (2014-2017).

[235] Lei nº 33/98, de 18 de julho, alterada pelo Decreto-Lei nº 32/2019, de 4 de março, em conjugação com Decreto-Lei nº 101/2018, de 29 de novembro.

[236] Nos termos do artigo 1º o Estatuto da Vítima contém um conjunto de medidas que visam assegurar a proteção e a promoção dos direitos das vítimas da criminalidade.

lência doméstica[237]. Mais recentemente, a Lei nº 55/2020, de 28 de agosto, definiu os objetivos, prioridades e orientações de política criminal para o biénio de 2020-2022, em cumprimento da Lei nº 17/2006, de 23 de maio, que aprova a Lei-Quadro da Política Criminal, e que identificou a VD como um fenómeno criminal de prevenção prioritária[238].

Em 2020, o Governo aprovou diversos documentos, como o Manual de Atuação a adotar pelos OPC nas 72 horas subsequentes à apresentação de denúncia por maus-tratos cometidos em contexto de violência doméstica; o Guia de Intervenção Integrada junto de crianças ou jovens vítimas de violência doméstica; o Plano Anual de Formação Conjunta: Violência contra as Mulheres e Violência Doméstica; o Guia de requisitos mínimos para programas e projetos de prevenção primária da violência contra as mulheres e violência doméstica[239], e o Regulamento das Condições Materiais das Salas de Atendimento à Vítima em Estabelecimento Policial, aplicável aos espaços nos estabelecimentos da PSP e GNR, destinados ao atendimento das vítimas especialmente vulneráveis, em particular das vítimas de maus-tratos cometidos no contexto da VD quanto ao atendimento às vítimas de crime e quanto aos requisitos construtivos das edificações urbanas[240]. Este esforço concertado visa, em primeira linha, a prevenção especial e a proteção das vítimas[241] que desconhecem a dimensão criminal dos atos exercidos contra si e os seus direitos ou não se identificam como vítimas e não procuram ajuda[242]. Acresce que muitas vítimas e, por vezes, os operadores do Direito, desconhecem o alcance do conceito de VD, inclusive quanto aos factos que preenchem o tipo legal[243].

Mais recentemente, no dia 20 de julho de 2021, a Comissão de Assuntos Constitucionais, Direitos, Liberdades e Garantias submeteu ao Presidente da Assembleia da República, para efeitos de votações sucessivas na generalidade, na especialidade e final global, o texto de substituição e o relatório da discussão e votação no âmbito da nova apreciação na generalidade, de diversas iniciativas legislativas para alterar os seguintes diplomas: o regime

237 Diretiva nº 5/2019, de 4 de dezembro da Procuradoria-Geral da República.
238 Cf. alínea c) do art. 4º da Lei nº 55/2020, de 28 de agosto.
239 XXII Governo Constitucional, 2020a, 2020b, 2020c e 2020d.
240 Despacho nº 11718-A/2020, de 24 de novembro do Gabinete do MAI.
241 Palma, 2019: 54.
242 CEJ, 2016: 43.
243 Poiares, 2014 e 2020.

jurídico aplicável à prevenção da violência doméstica, à proteção e à assistência das suas vítimas[244]; o art. 152º do Código Penal, onde passa a ser incluído, entre outras alterações, e como conduta integradora deste crime, o impedir o acesso ou fruição aos recursos económicos e patrimoniais próprios ou comuns; e o art. 67-A do CPP, que vem contemplar como vítima a criança ou jovem até aos 18 anos que sofreu um dano causado por ação ou omissão no âmbito da prática de um crime, incluindo as que sofreram maus tratos relacionados com a exposição a contextos de violência[245].

O bem jurídico protegido pelo crime de VD é plural e complexo, visando a defesa da integridade pessoal, nas suas vertentes física, psíquica e mental, e a proteção da dignidade humana no âmbito de uma relação interpessoal. Embora o tipo legal abranja ações típicas que já encontram previsão noutros tipos legais, o seu fundamento deve ser encontrado na proteção de quem, no âmbito de uma relação interpessoal, vê a sua integridade pessoal, liberdade e segurança ameaçadas com tais condutas, sendo o enfoque colocado na situação relacional existente entre agressor e vítima. O verdadeiro traço distintivo deste crime, relativamente aos demais onde igualmente se protege a integridade física, a honra ou a liberdade sexual, reside no facto do tipo legal prever e punir condutas perpetradas por quem afirme e atue um domínio sobre a vítima, sobre a sua vida, sobre a sua honra ou(e) sobre a sua liberdade e que a reconduz a uma vivência de medo, de subjugação[246]; é um crime de resultado que pode ser cometido por omissão, traduzida na não prestação dos cuidados necessários de que a vítima carece e que leva à verificação do resultado típico (infligir maus tratos) e é um crime de perigo abstrato, pois é a própria ação em si que é considerada perigosa e apta a produzir efeitos danosos, mas não é necessário que esse perigo se materialize, já que não está previsto como efeito da ação típica. Assim, o bem jurídico protegido pela incriminação abrange o bem-estar necessário à vida pessoal, traduzido na manutenção de um ambiente propício a um salutar e digno modo de vida[247]. A delimitação dos casos de VD daqueles em que a ação apenas preenche a previsão de outros tipos de

[244] Lei nº 112/2009, de 16 de setembro.

[245] *In* https://www.cig.gov.pt/2021/07/alterados-diplomas-no-ambito-da-violencia-domestica/ (consultado em 24 de julho de 2021).

[246] Pereira, 2007: 4; Poiares, 2020. Ac. de 4 de junho de 2018 do TRG, proc. nº 121/15.5 GAVFL.G1.

[247] Ac. de 12 de outubro de 2016 do TRP, proc. nº 2255/15.7T9PRT.P1.

crime, como a ofensa à integridade física, a injúria, a ameaça ou o sequestro, deve fazer-se com recurso ao conceito de maus tratos quando, em face do comportamento demonstrado, for possível formular o juízo de que o agente manifestou desejo de humilhar ou especial desconsideração pela vítima[248].

Até ao ano de 2007, a tipificação do crime de VD pressupunha, no entendimento da maioria da jurisprudência, uma conduta reiterada por parte do agente, algo que passou a ser irrelevante face à nova letra do art. 152º do CP. No entanto, a jurisprudência mais recente tem demonstrado que nem todo o ato singular pode ser enquadrado como VD, por não ser atendível como uma ofensa à dignidade humana, o que tem suscitado dúvidas nos mandatos profissionais, desde logo aquando da atuação policial que, face à incapacidade de objetivar legalmente determinados comportamentos jurídico-penais, tendem a tipificar os mesmos como VD, ainda que, mais tarde, o MP venha a ter entendimento diverso[249]. Face à nova redação dada ao artigo 152º, o crime pode ser cometido mesmo que não haja reiteração de condutas, embora só em situações excecionais o comportamento violento único, pela gravidade intrínseca do mesmo, preencha o tipo de ilícito[250], sendo, por isso, controverso, se devemos atender à sazonalidade ou repetição de condutas violentas por parte do agressor, para afirmarmos que estamos perante um ato de violência doméstica[251], o que significa que ainda não há jurisprudência uniforme quanto a este ponto[252]. O critério da reiteração deu lugar a uma divergência doutrinária e jurisprudencial[253], aspeto juridicamente relevante quando estamos perante um comportamento isolado. O segmento *de modo reiterado ou não* introduzido no nº 1 do art. 152º do CP, é unívoco no sentido de que pode bastar um comportamento para

[248] Ac. de 15 de outubro de 2012 do TRG, proc. nº 639/08.6GBFLG.G1.

[249] Estas dúvidas são partilhadas pelo MP, como se depreende do ponto 4 da diretiva da PGR nº 5/2019, de 4 de dezembro, que refere o seguinte: sempre que, aquando do registo de inquérito, se suscita dúvida quanto à qualificação como violência doméstica da factualidade subjacente, deve aquela prevalecer, mantendo-se a mesma até ao momento em que seja inequívoco enquadramento diverso (Poiares, 2020).

[250] Ac. de 24 de abril de 2006 do STJ, proc. nº 06P975; e Ferreira, 2005: 106-107.

[251] Ferreira, 2005: 26; Poiares, 2020.

[252] Segundo Rui Pereira (2007), o melhor entendimento indica que o crime pode ser cometido numa só ocasião se, por exemplo, o agente der "uma tareia" à vítima. Neste sentido, o Ac. do STJ de 17 de outubro de 1996, Acs. STJ, IV, t. 3, p. 170.

[253] Cruz, 2017: 81; Poiares, 2020.

a condenação[254], pois visa proteger, não apenas a saúde mas a integridade pessoal, prevista no art. 25º da CRP[255], ligado à defesa da dignidade da pessoa humana. O crime de VD não exige a prática reiterada dos atos objetivos previstos no mesmo por parte do agente, mas exige que os mesmos se traduzam na humilhação da vítima ou numa especial desconsideração pela mesma[256], ou seja, admite-se, que basta um comportamento para integrar o crime quando assuma uma dimensão manifestamente ofensiva da dignidade pessoal do cônjuge[257], se um único ato ofensivo se revelar de tal modo intenso que ao nível do desvalor (quer da ação, quer do resultado) seja apto a lesar em grau elevado o bem jurídico pondo em causa a dignidade da pessoa humana[258].

O crime de VD visa proteger muito mais do que a soma dos diversos ilícitos típicos que o podem preencher, como ofensas à integridade física, injúrias ou ameaças. Está em causa a dignidade humana da vítima, a sua saúde física e psíquica, a sua liberdade de determinação, que são ofendidas, não apenas através de ofensas, ameaças ou injúrias, mas através de um clima de medo, angústia, insegurança e humilhação. O bem jurídico tutelado com a incriminação das condutas abrangidas no nº 2 do art. 152º CP, é diferente daqueles que são protegidos por outras incriminações que a conduta do agente pode, eventualmente, também ter preenchido, como a integridade física e diferentes dimensões da liberdade. Integram o crime de VD todas as condutas do agente que, revestindo-se da gravidade prevista na descrição do artigo 152º do CP, não a excedem de forma particular, de modo a permitir destacar uma ou mais das ações integradoras daquele ilícito penal para efeitos de punição autónoma[259].

Existem ainda outros factos enquadráveis no tipo legal *sub judice*: *e.g.*, o agente, casado com outra mulher, com quem vive, mas que mantém, para-

[254] Ac. de 20 de janeiro de 2015 do TRE, proc. nº 228/13.3TASTR.E1.

[255] Nos termos do nº 1 do art. 25º da CRP, a integridade moral e física dos cidadãos é inviolável.

[256] Ac. de 1 de junho 2017 do TRL, proc. nº 3/16.0PAPST.L1-9.

[257] Ac. de 10 de setembro de 2012 do TRG, proc. nº 1011/11.6GBBCL.G1.

[258] Ac. de 10 de setembro de 2014 do TRP, proc. nº 648/12.0PIVNG.P1.

[259] Ac. de 6 de fevereiro de 2017 do TRG, proc. nº 201/16.06GBBCL.G1; Ac. de 27 de fevereiro de 2008 do TRL, proc. nº 1702/2008-3; Ac. de 10 de julho de 2014 do TRG, proc. nº 591/11.0PBGMR-G1; Acórdão de 10 de janeiro de 2018 do TRC, proc. nº 1641/16.0T9VIS.C1; Morais, 2019: 37-55.

lelamente, um relacionamento amoroso com a vítima, ainda que sem coabitação, consubstancia com esta uma relação análoga à dos cônjuges e por essa razão suscetível de integrar o núcleo das vítimas de VD[260]. O alargamento da punição prevista no art. 152º do CP aos casos em que o crime é praticado por agente que tenha mantido com a vítima relação de namoro, visa a proteção das vítimas contra atos de violência contrários à confiança num comportamento de respeito e abstenção de atos violadores da integridade pessoal do ex-parceiro, incluindo as vítimas de *stalking*, quando um ex-namorado perturba a paz do ex-parceiro[261], cabendo assim, no crime de VD, as condutas e comportamentos que causam, inclusive através do envio de sms, maus tratos configurados como *stalking*[262].

No entanto, importa não confundir a violência contra as mulheres com a violência doméstica, a violência conjugal e os maus tratos[263]. Nelson Lourenço já referia, antes da Reforma Penal de 2007, que se falava com uma excessiva sobreposição em relação a duas realidades distintas: a violência doméstica e a violência contra a mulher (*maxime* a violência conjugal[264] e a violência de género com uma prevalência de vitimização no género feminino)[265], defendendo que a violência doméstica é uma realidade mais vasta do que a violência contra a mulher e que há outras dimensões que têm sido descuradas no âmbito das políticas sociais, como a violência contra as crianças, os idosos e os deficientes[266].

3.3. A violência doméstica nos PALOP

Na presente secção, pretendemos apresentar uma caracterização elucidativa do modo como a violência doméstica é abordada à luz de alguns ordenamentos jurídicos lusófonos. Por lusofonia entende-se a parte, descontínua, do mundo onde o português é tido como língua oficial: Angola, Brasil, Cabo Verde, Guiné-Bissau, Guiné Equatorial, Moçambique, Portugal, São

[260] Ac. de 27 de fevereiro de 2013 do TRC, proc. nº 83/12.0GCGRD.C1; Ac. de 7 de julho de 2016 do TRP, proc. nº 18/15.9GAPRD.P1.

[261] Ac. de 26 de setembro de 2017 do TRE, proc. nº 518/14.8PCSTB.E1.

[262] Ac. de 8 de outubro de 2014 do TRP, proc. nº 956/10.5PJPRT.P1.; Ac. de 1 de outubro de 2013 do TRE, proc. nº 258/11.0GAOLH.E1.

[263] CEJ, 2016: 21.

[264] Ferreira, 2005: 217.

[265] Leite, 2020: 32-35.

[266] Lourenço, 2005: 27; Poiares, 2020.

Tomé e Príncipe e Timor Leste[267], e onde existe *um pouco de tudo*: a presença do Estado falhado, Estados viabilizados, mas destituídos de uma soberania sólida, e Estados viáveis e dotados de um grau mais elevado de afirmação soberana[268].

Angola

O art. 7º da Constituição da República de Angola reconhece a validade e a força jurídica do costume que não seja contrário à Constituição, nem atente contra a dignidade da pessoa humana. O art. 23º impõe o princípio da igualdade, determinando que todos são iguais perante a Constituição e a lei, e que ninguém pode ser prejudicado, privilegiado, privado de qualquer direito ou isento de qualquer dever em razão do sexo. Acresce que, nos termos do art. 35º, nº 3, o homem e a mulher são iguais no seio da família, da sociedade e do Estado, gozando dos mesmos direitos e cabendo-lhes os mesmos deveres.

Contudo, o Código Penal Angolano[269] não apresenta uma total concordância axiológica constitucional, pois não prevê um tipo legal específico para a violência doméstica. No art. 150º (homicídio qualificado em razão da qualidade da vítima), o legislador pune com pena de prisão de 20 a 25 anos o homicídio em que a vítima for ascendente ou descendente, adotante ou adotado ou parente até ao terceiro grau da linha colateral do agente do crime; cônjuge ou pessoa com quem o agente viva em situação análoga à dos cônjuges; ou pessoa particularmente indefesa em razão da idade, deficiência, doença ou gravidez. Por outro lado, nos termos do art. 168º (maus tratos a menores, incapazes ou familiares) é punido com pena de prisão de 2 a 6 anos quem conviver com pessoa menor ou incapaz ou os tiver a seu cuidado, sob sua autoridade ou ao seu serviço ou a quem tiver sido entregue com fins de educação, instrução, tratamento, vigilância, custódia ou formação profissional ou artística e habitualmente: a) o tratar cruelmente ou lhe infligir maus tratos físicos ou psíquicos; b) o empregar em atividades perigosas, desumanas ou proibidas; c) o sobrecarregar com trabalhos excessivos; d) e o obrigar a exercer a mendicidade. Com a mesma pena é punido quem habitualmente exercer violência física ou psíquica sobre o seu côn-

[267] Kosta, 2019: 27.

[268] Kosta, 2019: 587.

[269] As Leis nº 38/2020 e 39/2020, de 11 de novembro, aprovaram o CP e o CPP Angolanos, revogando o CP de 1886 e o CPP de 1929.

juge ou pessoa com quem viva em situação análoga à dos cônjuges ou sobre os próprios filhos, os filhos do cônjuge ou os de pessoa com quem viva em situação análoga à dos cônjuges.

A inexistência de um tipo legal específico, para a violência doméstica, no Direito Penal substantivo, foi mitigado com a publicação da Lei nº 25/2011, de 14 de julho, que estabeleceu o regime jurídico de prevenção da violência doméstica, de proteção e de assistência às vítimas, aplicando-se, nos termos do art. 2º, aos factos ocorridos no seio familiar ou outro que, por razões de proximidade, afeto, relações naturais e de educação, tenham lugar, em especial: nos infantários, nos asilos para idosos, nos hospitais, nas escolas, nos internatos femininos ou masculinos; ou nos espaços equiparados de relevante interesse comunitário ou social.

Em caso de detenção do agente por crime de violência doméstica, em flagrante delito, o detido mantém-se privado da sua liberdade até ser presente ao magistrado competente para interrogatório ou a juízo para audiência de julgamento sumário (cf. art. 22º), mas a detenção do agente pode ser efetuada por mandado do Ministério Público, se houver perigo de continuação da atividade criminosa ou se mostre imprescindível à segurança da vítima, nos termos previstos na lei (cf. art. 23º). A queixa, nos termos do art. 24º, pode ser feita pelo lesado ou por quem tenha legitimidade nos termos da lei, mas a denúncia pode ser feita por qualquer pessoa ou autoridade que tenha conhecimento do facto. Contudo, a vítima de violência doméstica pode desistir da queixa em qualquer fase do processo, sem prejuízo dos casos em que a lei o proíba, por constituírem crimes públicos, os seguintes factos (art. 25º): a ofensa à integridade física ou psicológica grave e irreversível; a falta reiterada de prestação de alimentos à criança e de assistência devida à mulher grávida; o abuso sexual a menores de idade ou idosos sob tutela ou guarda e incapazes; a apropriação indevida de bens da herança que, pelo seu valor pecuniário, atente contra a dignidade social dos herdeiros; a sonegação, alienação ou oneração de bens patrimoniais da família, tendo em conta o seu valor pecuniário; a prática de casamento tradicional ou não com menores de catorze anos de idade ou incapazes.

Em Angola, segundo os informantes, apesar do quadro legal em vigor, verifica-se um distanciamento entre o espírito do legislador e as representações sociais. As pessoas que vivem nos centros urbanos encaram a violência doméstica com maior seriedade por causa das campanhas de sensibilização. Mas para os cidadãos que vivem nas zonas suburbanas e rurais, a VD é um problema de *marido e mulher* onde ninguém se deve envolver. A população tem a noção da existência da legislação, verificando-se uma redução gradual relativamente a este tipo legal de crime. Mas, a violência doméstica é vista de dois prismas: legal e tradicional. Na perspetiva legal, é percecionada como um crime público, mas, por outro lado, coexiste a perspetiva tradicional onde é tida pela maioria como um facto suscetível de ser resolvido entre as pessoas com mais experiência nas famílias, visando manter o casamento e garantir um lar sólido para os cônjuges e, em especial, para os filhos.

Na perspetiva do ex-aluno angolano, a VD é uma das maiores preocupações no seu país, contudo admite que existem poucos interessados em preveni-la e combatê-la, e que ainda se tolera e incentiva o castigo físico, como forma de correção e educação. Vejamos:

> Em Angola são múltiplos os fatores que preocupam a sociedade civil e o Estado. A VD aparece no top 5 (...) porém, são poucos os interessados em combatê-la, reduzi-la, mitigá-la, pois, os meios para o combate são escassos, a vontade política de quem decide não é bastante e o pensamento do homem médio angolano ainda não está sensibilizado para tal – usar a força física, verbal ou outra ainda é sinónimo de poder, seja da parte do homem seja da parte da mulher. Ainda se tolera ou incentiva o castigo físico como forma de correção ou mesmo de educação (...). Angola tem mais de 1,2 milhões de quilómetros quadrados, cerca de 30 milhões de habitantes, e o território está dividido em 18 províncias em que algumas delas têm seu dialeto próprio, a sua forma de estar e ser – a sua cultura, os seus hábitos e costumes – apesar de o português ser a língua oficial. Este e outros fatores levam a entender a VD de forma distinta, diferenciada, pois para uns baterem, violarem e reprimirem com violência faz parte do "habitué" dos costumes, enquanto outros se vão adequando às novas normas do Direito (01.ANG.H).

Os informantes de Angola também referiram que, antes das aulas em Portugal, entendiam que a violência doméstica devia ter a natureza semipública, porque é comum o marido corrigir o comportamento da sua parceira. Acresce que um dos informantes continua a defender que é normal existirem agressões, porque muitas mulheres entram em conflito com os maridos e a violência faz parte da relação, pelo que só devia existir uma intervenção do Estado nos casos em que o agressor chegue a um extremo.

A este propósito, destacamos o facto de, no ano de 2009, termos ministrado formação no Instituto Médio de Ciências Policiais[270]. Nessa altura, questionámos os formandos relativamente às funções exercidas pelos ex-alunos formados em Portugal, tendo apurado que se encontravam em *casa* pois, o então comandante-geral da Polícia Nacional de Angola, tinha uma formação diferente e entendia que esses oficiais falavam excessivamente em direitos humanos e em mudança, o que é revelador da influência da formação de matriz europeia no mandato profissional dos ex-alunos africanos que frequentaram o ISCPSI.

Cabo Verde

O art. 23º da Constituição da República de Cabo Verde estipula o princípio da igualdade, determinando que todos os cidadãos têm igual dignidade social e são iguais perante a lei, e ninguém pode ser privilegiado, beneficiado ou prejudicado, privado de qualquer direito ou isento de qualquer dever em razão do sexo, entre outros fatores. O art. 27º da Constituição também determina que a vida humana e a integridade física e moral das pessoas são invioláveis; e que ninguém pode ser submetido a tortura, penas ou tratamentos cruéis, degradantes ou desumanos.

No entanto, o conceito de violência doméstica nunca teve espaço no ordenamento jurídico de Cabo Verde. O Código Penal, aprovado pelo Decreto-Legislativo nº 4/97, de 28 de abril, abrangia os maus tratos de menores, incapazes e de subordinados ou entre cônjuges, e o Código Civil, por força do Decreto-Legislativo nº 12-C/97, de 30 de junho, consagrava a separação judicial de pessoas e bens, a união de facto, conferia a igualdade de direitos e deveres aos cônjuges e aos filhos, nascidos dentro ou fora do casamento, e determinava que o poder paternal fosse exercido conjuntamente.

O art. 133º do CP, aprovado pelo Decreto Legislativo nº 4/2003, de 18 de novembro, veio punir com uma pena de prisão de 1 a 5 anos, os maus tratos a menor ou incapaz, mormente quem tiver à sua guarda ou cuidado, ou sob a responsabilidade de sua educação, menor ou pessoa incapaz ou particularmente vulnerável em razão da idade, doença, deficiência física ou psíquica, e lhe provocar habitualmente ofensas ao corpo ou na saúde,

[270] Atual Instituto Superior de Ciências Policiais e Criminais, criado através do Decreto Presidencial nº 9/12, de 20 de janeiro; e cuja atividade iniciou em 29 de março de 2012.

ou lhe infligir maus-tratos físicos ou psíquicos, ou tratamentos cruéis; e, nos termos do art. 134º do mesmo Código, com a epígrafe "Maus tratos a cônjuge", quem infligir a seu cônjuge ou a pessoa com quem está unido de facto, maus-tratos físicos ou psíquicos ou tratamentos cruéis será punido com pena de prisão de 1 a 4 anos, se pena mais grave não lhe couber por força de outra disposição legal.

Em Cabo Verde, o tipo legal que mais se aproxima do conceito de violência doméstica do ordenamento jurídico português, é a violência baseada no género, expressão introduzida pela Lei nº 84/VII/2011, de 10 de janeiro, embora, material e formalmente, contemple algumas diferenças. Trata-se de um crime na natureza pública, nos termos do nº 1 do mesmo diploma, que estabelece as medidas destinadas a prevenir e reprimir o crime de violência baseada no género, pelo que o procedimento criminal não carece de queixa, podendo ser denunciada por qualquer pessoa e, processualmente, tem caráter prioritário e urgente. A Lei nº 84/VII/11, de 10 de janeiro, estabeleceu novas estratégias destinadas a prevenir e reprimir o crime de VBG, cuja mudança da natureza do crime foi uma delas, pois o tipo legal "Maus Tratos a Cônjuge", vertido no art. 134º do Código Penal, tem a natureza semipública. No entanto, a VBG não é sinónimo do termo VD utilizado em Portugal, visto que a VD tem uma abrangência superior e a VBG assenta na construção de relações de poder desiguais entre géneros. Nos termos do art. 2º, nºs 2 e 3, a lei da VBG é aplicável às situações derivadas do exercício de poder entre pessoas, em que a violência baseada no género é praticada, de forma isolada ou recorrente; e quando exista, no momento da agressão ou em momento pretérito, uma relação de intimidade, afetividade, casamento ou situação análoga ao casamento, abrangendo nomeadamente: o âmbito da unidade doméstica, compreendida como o espaço de convívio permanente de pessoas, com ou sem vínculo familiar, inclusive as esporadicamente agregadas; o universo da família, compreendida como a comunidade formada por indivíduos que são ou se consideram aparentados, unidos por laços naturais, por afinidade ou por vontade expressa; e qualquer relação íntima de afeto, na qual o agressor conviva ou tenha convivido com a vítima, independentemente de coabitação, existindo uma agravação das penas, nos termos do art. 24º, quando, *e.g.*, existam menores que estejam, ou tenham estado, a cargo da vítima ou do agente; a violência seja praticada em locais públicos ou de forma especialmente vexatória para a vítima.

A lei da VBG, nos termos do art. 2º, nº 4, aplica-se ainda a qualquer situação de violência praticada por quem, tendo autoridade ou influência sobre outra pessoa, a assediar sexualmente. Por outro lado, apresenta uma preocupação material com os agressores, ao determinar, no art. 17º, com a epígrafe "Recuperação do agressor", que o Estado criará condições necessárias para a promoção da recuperação do agressor, incluindo a implementação de programas de apoio psicológico ou psiquiátrico, educação e prevenção da VBG; assim como devem ser criados, a favor das vítimas de VBG, Centros de Apoio, Casas de Abrigo e um Fundo de Apoio à Vítima, nos termos do art. 18º do mesmo diploma.

Os processos-crime de VBG, nos termos do art. 30º da Lei nº 84/VII/2011, de 10 de janeiro, têm a natureza urgente. Os órgãos de polícia criminal são obrigados a comunicar ao MP todos os factos que tipifiquem um crime de VBG de que tomem conhecimento, no mais curto prazo possível, não podendo, em caso algum, exceder 48 horas. Por outro lado, o art. 33º, impõe especiais atribuições ao MP, *maxime*, deve, no prazo máximo de 48 horas após o registo na secretaria do conhecimento de indícios do crime de VBG, ordenar as primeiras diligências, que devem ser realizadas, no máximo, 48 horas depois, sem prejuízo da possibilidade de delegação de competências nos termos da lei; de entre as diligências a ordenar pelo MP, deve constar sempre a apresentação do arguido ao Juiz, para primeiro interrogatório e aplicação de medida de coação; a determinação de acompanhamento da vítima pelos serviços de apoio referidos na lei, com o objetivo de lhe prestar informação, proteção, assistência social, jurídica e psicológica e patrocínio judiciário, devendo estes apresentar relatório final sobre a situação da vítima, antecedentemente à acusação, quando esta seja deduzida.

Apesar do esforço jurídico-penal, material e formal, os informantes naturais de Cabo Verde, revelaram que, nas ilhas menos desenvolvidas e nas áreas rurais, existe uma visão diferenciada da violência na família, não só por partes dos cidadãos, que ainda não abordam a VBG como sendo um problema social, comprovável no reduzido nº de denúncias, como também das organizações governamentais e não-governamentais pois, no que concerne à implementação das medidas, estratégias e políticas direcionadas ao combate deste problema, ainda não há uma abrangência nacional. Para esta realidade contribui o facto de existir uma forte raiz patriarcal na sociedade cabo-verdiana, em que a autoridade é exercida pelos homens. Este vínculo histórico levou à dominação e discriminação social da mulher. Acresce que, sendo um país arquipelágico, existem comportamentos que são mais censuráveis em determinadas regiões. Esse fato deve-se à falta de informação da população, a um reduzido apoio das vítimas pelas autoridades e a uma dependência financeira da mulher em relação ao seu parceiro. As práticas culturais e tradicionais cabo-verdianas colocam a mulher numa posição de submissão em relação aos homens, o que contribui para legitimar a violência contra as mulheres. Em termos amplos estas práticas eram socialmente aceites no país. Mas o futuro apresenta sinais de mudança. É um facto que existem visões distintas das pessoas mais velhas, em relação a este tipo legal, e pessoas muito conservadoras que não aceitam a igualdade de género.

Mas as gerações mais novas concordam e aceitam de forma natural que a violência doméstica é um crime. Acresce que há um esforço no sentido de contornar o atual cenário através das campanhas de sensibilização promovidas pelo Instituto Cabo-Verdiano de Igualdade e Equidade de Género, em articulação com a Polícia Nacional de Cabo Verde, bem como a difusão e sensibilização social da VBG, através dos órgãos de comunicação social, plataformas digitais e ações de formação junto das comunidades.

Os informantes de Cabo Verde, por unanimidade, entendem que o crime de VBG deve obrigar a intervenção do Estado, pois trata-se de um problema que constitui uma violação dos direitos humanos e é um obstáculo para o desenvolvimento de qualquer sociedade democrática, sendo considerado como um problema de segurança interna do país, daí a necessidade da intervenção do Estado. Uma das funções do Estado é zelar pelo bem-estar dos seus cidadãos e, sendo a VBG um crime, aquele deve intervir não só na medida em que pune o agressor, como também na implementação de medidas de prevenção e sensibilização de toda a população sobre a igualdade de género. A primeira Constituição da República de Cabo Verde, de 1980, já previa que o homem e a mulher são iguais perante a lei, em todos planos da vida pública, económica, social e cultural e determinava que o Estado devia reconhecer a constituição da família e assegurar a sua proteção. E, com a evolução social e cultural do país, tornou-se uma responsabilidade constitucional atribuída ao Estado, que foi reforçada pela Lei da VBG, assim como pela assistência e capacitação dos profissionais que intervêm nesta matéria. Para esse efeito, foi elaborado um plano nacional de sensibilização e prevenção do crime de VBG, que visa promover a efetiva igualdade do género e estabelecer as bases de articulação com organizações não-governamentais para a consolidação da intervenção na prevenção este crime, assim como a implementação de mais estruturas de apoio à vítima, casas-abrigo e centros de apoio com prestação de serviços de atendimento psicológico e jurídico, apoio educativo, orientação e inserção laboral em todas as ilhas do arquipélago.

Guiné-Bissau

Em 1973, a Guiné-Bissau foi proclamada unilateralmente Estado soberano nas zonas ocupadas pelo movimento de libertação nacional, proclamação reconhecida por um grande número de países e, posteriormente, por Portugal, com efeitos retroativos ao ano assinalado. O número de etnias existentes é de cerca de 20. Esta diferenciação social tem os seus reflexos na ordem jurídica guineense, que se manifestam numa tensão a vários níveis entre o Direito positivo, produzido pelo Estado, e os costumes e usos étnicos, dotados de uma maior faticidade. Um dos ramos do Direito em que essa tensão se faz sentir é o Direito Penal[271] e um dos problemas mais interessantes que se colocam no Direito guineense é, precisamente, o dos conflitos entre o sistema jurídico-positivo e os costumes e práticas tradicionais dos grupos étnicos. Considera Oliveira Ascensão[272] que, quando se verifica uma contradição entre lei e costume (costume *contra legem*), em regra, este determina a cessação de vigência daquela. Augusto Silva Dias preconizava a prevalência da vigência da lei sobre os costumes sociais quando estão em causa lesões graves de bens jurídicos fundamentais, mas percebia que a norma legal vê afetada a sua faticidade pelo costume contrário e padecerá normalmente de um elevado índice de ineficácia, integrando o âmbito da chamada *legislação simbólica*[273], realidade que se torna um desafio para os operadores do Direito que exercem funções em contextos com uma elevada ineficácia da lei.

A Constituição da República da Guiné Bissau determina que todos os cidadãos são iguais perante a lei, gozam dos mesmos direitos e estão sujeitos aos mesmos deveres (art. 24º); que o homem e a mulher são iguais perante a lei em todos os domínios da vida política, económica, social e cul-

271 Dias, 1996: 210-211.

272 Ascensão, 1993: 250-285.

273 Dias, 1996: 214-215.

tural (art. 25º); e que a integridade moral e física dos cidadãos é inviolável e que ninguém pode ser submetido a tortura, nem a tratos ou penas cruéis, desumanos e degradantes (art. 37º). No entanto, o Código Penal da Guiné-Bissau, aprovado pelo Decreto-Lei nº 4/93, de 13 de outubro[274], e que pôs fim à vigência de mais de 100 anos do CP de 1852[275], manteve o silêncio em relação à violência doméstica, vazio corrigido pela Lei nº 12/2014, aprovado pela Assembleia Nacional Popular, no dia 18 de julho de 2013.

Na Guiné Bissau, a violência doméstica é um crime público nos termos do art. 3º da Lei nº 12/2014, que define a violência baseada no género como toda a forma de discriminação e violência que inibe seriamente a capacidade das mulheres exercerem os seus direitos em liberdades em pé de igualdade com os homens e da qual resultam ou possam resultar danos mentais, sexuais, físicos e sofrimento para a pessoa, incluindo ameaças e atos de coerção ou privação arbitrária de liberdade na vida pública ou privada. Neste país, de acordo com os dados disponíveis, a maioria das vítimas de violência são mulheres de todas as idades, classes sociais, religiões, etnias, nacionalidades, e com ou sem deficiência. Embora possa ser exercida por ambos os sexos, os homens são os agressores em mais de 80% dos casos[276].

Nos termos do art. 4º da Lei nº 12/2014, entende-se por violência doméstica, todo o padrão de conduta que origine sofrimentos físicos, sexuais, psicológicos, privações de liberdade e económicos, de modo direto ou indireto, praticado no seio da família contra qualquer pessoa que habite no mesmo espaço doméstico ou não, por pessoa com a qual a vítima mantenha relações. É vítima toda a pessoa singular que sofreu um dano, nomeadamente um atentado à sua integridade física, mental, um dano moral, ou uma perda material, diretamente causada, por ação ou omissão, de outra pessoa, no âmbito das relações domésticas e familiares, podendo haver um agravamento das penas efetivas quando os factos ocorrerem na presença dos filhos ou outros menores, contra menor, contra pessoas com deficiência ou idosos; houver antecedentes de violência, contra mulher grávida, uma

[274] Decreto-Lei nº 4/93, publicado no Suplemento ao Boletim Oficial nº 41, de 13 de outubro de 1993, com as alterações introduzidas pela Lei nº 2/2002, publicada no Boletim Oficial nº 21, de 27 de maio de 2002 e pelo art. 13º da Lei nº 7/97, de 2 de dezembro.

[275] Campos, 2007: 13.

[276] P&D Factor, s/d.

relação incestuosa, houver efeito de álcool ou drogas; ou resultar contaminação por infeções sexualmente transmissível e VIH.

No caso de violência sexual, a moldura penal é de três a doze anos de prisão. Na mesma pena incorre quem, através das práticas tradicionais, atentar contra os direitos sexuais e reprodutivos da vítima. Quanto à violência patrimonial, está prevista uma moldura penal de dois a oito anos, para quem, sendo familiar de um dos cônjuges, se apoderar, após a morte de um dos cônjuges, de forma ilícita e consciente, dos bens pertencente ao seu núcleo familiar. O artigo 27º da Lei nº 12 /2014, refere ainda a pena de prisão até quatro anos ou a pena de multa para quem impedir a pessoa com quem tem relações familiares, amorosas ou íntimas, de beneficiar de acesso ao ensino, incluindo a instrução primária e quem sendo progenitor ou detentor de poder de tutela sobre o menor, obrigar este a contrair casamento. O art. 28º da mesma lei elenca os direitos das vítimas de violência doméstica: atendimento urgente, num espaço privado e calmo, pelas entidades policiais, sanitárias e outras, protegendo sempre a sua privacidade; beneficiar de atendimento, exame médico gratuito; não ser submetida a acareação ou qualquer contacto com o agente do crime; prestar, em caso de necessidade, declarações para memória futura; e ser indemnizada por perdas e danos sofridos por causa da violência doméstica. Neste sentido, nos termos do art. 3º da LVD, a VD é um crime público na Guiné Bissau, podendo ser denunciado de qualquer forma e por qualquer pessoa.

Apesar das alterações legais na Guiné Bissau, o homem continua a ser visto como o *chefe de família*, e as mulheres não têm voz perante a figura masculina, nem se podem opor a ela. Se isso se verificar, existe uma forte probabilidade de ocorrer um caso que se enquadre em VD, o que leva, em muitos casos, à não denúncia. A maioria da população encara a VD como uma prática étnico-cultural e, por isso, quando os cidadãos se inteiram de um episódio de violência, não o denunciam, porque é um problema da família. Os cidadãos, em particular os residentes fora das grandes cidades, encaram a VD como um fato socialmente aceite, ou seja, os homens têm a legitimidade de agredir as esposas e os filhos, realidade potenciada pelos casamentos precoces e forçados, o trabalho infantil, a mendicidade forçada ou a mutilação genital feminina, e muitos destes casos não são denunciados. Há várias mulheres que optam por não denunciar os seus maridos ou namorados, pois a VD é encarada, segundo os informantes, como algo normal: *você cresce vendo a sua mãe a apanhar do seu pai dizendo que é normal, o marido a bater na esposa, e você cresce nesse ambiente, isto torna-se para si uma coisa normal.* Na comunidade guineense, as esposas são muito submissas aos seus maridos e optam pelo silêncio. Existem visões diferenciadas por parte dos cidadãos, principalmente no interior do país, onde vivem as pessoas mais analfabetas, menos esclarecidas e mais conservadoras, que consideram o homem como sendo o *chefe da família*, com a responsabilidade de educar a família, inclusive a esposa, com violência se for necessário. Por outro lado, nas áreas urbanas o fenómeno tem vindo a diminuir devido, eventualmente, ao esclarecimento e progressivo aumento do nível de escolaridade.

A Constituição, no art. 17º, nº 1, determina que é imperativo fundamental do Estado promover as condições favoráveis à preservação da identidade cultural, como suporte da consciência e dignidade nacional e fator estimulante do desenvolvimento harmonioso da sociedade, cuja valorização deve servir o progresso e a salvaguarda da dignidade humana. As práticas culturais estão, assim, muito enraizadas. Porém, hoje em dia, a população está mais sensibilizada devido ao trabalho desenvolvido pela Liga Guineense dos Direitos Humanos. Acresce que, em junho de 2020, foi difundido o Manual de Formação sobre Violência Baseada no Género na Guiné-Bissau, desenvolvido no âmbito dos serviços de aconselhamento e análise do Banco Mundial, no que respeita à sensibilização para a redução da violência baseada no género. O objetivo foi o de identificar o contexto de VBG e o mapeamento de mecanismos de proteção e resposta. O Manual foi usado em ações de formação, realizadas no país entre 2010 e 2020, e adequadas aos profissionais da saúde, juízes, MP, forças de segurança, assistentes sociais, administração regional, líderes tradicionais e religiosos; e organizações da sociedade civil que atuam no âmbito da VBG.

Os informantes da Guiné-Bissau entendem que o Estado deve intervir na prevenção e repressão da violência doméstica porque representa uma violação dos direitos humanos, numa sociedade onde as vítimas optam pelo silêncio, sobretudo porque, nas comunidades onde vivem, encaram a VD como algo normal, ficando impune. O próprio preâmbulo da LVD guineense, estabelece que a VD é uma ação que atenta contra o direito à vida, à segurança, à liberdade, à dignidade, à integridade física e psíquica de uma pessoa. Por isso, as autoridades devem atuar para pôr cobro às violações que não podem ser normalizadas; cuja intervenção do Estado é urgente, de modo a evitar que as futuras gerações não adotem comportamentos cruéis e degradantes no seio da família.

Moçambique

O art. 35º da Constituição da República de Moçambique estipula o princípio da igualdade ao determinar que todos os cidadãos são iguais perante a lei, gozam dos mesmos direitos e estão sujeitos aos mesmos deveres, independentemente da cor, raça, sexo, origem étnica, lugar de nascimento, religião, grau de instrução, posição social, estado civil dos pais, profissão ou opção política; e o princípio da igualdade de género, plasmado no artigo 36º, que determina que o homem e a mulher são iguais perante a lei em todos os domínios da vida política, económica, social e cultural.

Em Moçambique, a VD é um crime público nos termos do art. 21º da Lei nº 29/2009, de 29 de setembro, designada como Lei sobre a Violência Doméstica praticada contra a Mulher[277], aplicando-se sempre que a vítima seja a mulher, ou quando não resulte a sua morte, aplicando-se, fora destes casos, o Código Penal Moçambicano, aprovado pela Lei nº 24/2019, de 24 de dezembro. Nos termos do art. 160º do CP, com a epígrafe, "Homicídio Agravado", a pena de prisão de 20 a 24 anos é aplicada a quem causar a morte de outrem em circunstâncias que revelem especial censura ou perversidade, nomeadamente concorrendo qualquer das seguintes circunstâncias: ser ascendente, descendente, adotante, adotado, padrasto, enteado, cônjuge, ex-cônjuge ou pessoa com quem vive como tal, ainda que sem coabitação; contra pessoa particularmente indefesa, em razão de idade, deficiência, doença ou gravidez; ou praticar o facto movido pelo sexo ou identidade de género da vítima. Se os crimes forem cometidos contra ascendente ou descendente, adotante ou adotado, padrasto, madrasta ou enteado, parente ou afim até ao segundo grau do agente, a pena é agravada de um terço nos seus limites mínimo e máximo, nos termos do art. 177º do CP. Acresce que, nos termos do art. 182º do CP (Maus-tratos), é punido com pena de prisão de 1 a 5 anos e multa, quem, tendo ao seu cuidado, à sua guarda, sob a responsabilidade da sua direção ou educação ou ao seu serviço, pessoa menor ou particularmente indefesa, em razão de idade, deficiência, doença ou gravidez ou dependência económica, que com o agente coabite, e: infligir, de modo reiterado ou não, maus-tratos físicos ou psíquicos, incluindo castigos corporais, privações da liberdade e ofensas

[277] A Lei nº 29/2009, de 29 de setembro prevê vários tipos de violência doméstica, a saber: a violência física simples (art. 13º), a violência física grave (art. 14º), a violência psicológica (art. 15º), a violência moral (art. 16º), a cópula não consentida (art. 17º), a cópula com transmissão de doenças (art. 18º), a violência patrimonial (art. 19º) e a violência social (art. 20º).

sexuais, ou a tratar cruelmente; a empregar em atividades perigosas, desumanas ou proibidas; ou a sobrecarregar com trabalhos excessivos. Se destes factos resultar ofensa à integridade física, o agente é punido com pena de prisão de dois a oito anos; ou a morte, o agente é punido com pena de prisão de 20 a 24 anos; estando as unidades de saúde, ação social, educação e cultura especialmente obrigadas a denunciar ao MP ou às entidades policiais todas as infrações de maus tratos de que tomem conhecimento no exercício das suas funções, nos termos do art. 183º do mesmo Código. Note-se que, nos termos do art. 238º, nº 1, do CP, a difamação ou injúria contra ascendentes, cometidos contra o pai ou mãe, ou algum dos ascendentes, são sempre punidos com a pena máxima, o que é revelador da relevância simbólica conferida às pessoas mais antigas nas famílias.

O objeto da Lei nº 29/2009, de 29 de setembro, consiste, assim, na violência praticada contra a mulher, no âmbito das relações domésticas e familiares e de que não resulte a sua morte, sendo criticável a opção do legislador em especificar o género da vítima. O art. 36º da Lei nº 29/2009, sob a epígrafe "igualdade de género" mitiga essa opção, ao prever que as disposições do diploma *sub judice* aplicam-se ao homem, em igualdade de circunstâncias e com as necessárias adaptações, ficando apenas por concretizar o que se deve entender por "necessárias adaptações"[278].

Na República de Moçambique, segundo os informantes, também existem visões diferenciadas dos cidadãos em função de cada região, onde a maior parte das vítimas de VD não denuncia os seus maridos com medo de represálias ou o divórcio, desvalorizando o ato criminal e optando pelo silêncio. As vítimas não podem denunciar para evitar a condenação da sociedade ou, se o agressor for preso, a imagem negativa e a reprovação por parte da família. Algumas pessoas mantêm-se no silêncio devido ao medo, à insegurança, à pobreza, à posição económica e à pouca evidência quanto ao reconhecimento da lei. Acresce que existe uma disparidade entre a visão dos cidadãos que vivem nas zonas urbanas e aqueles que vivem nas zonas mais recônditas do país, ou seja, os que vivem nas cidades estão mais informados, ao passo que os habitantes do interior do país não possuem os meios necessários para uma visão esclarecida sobre o tipo legal.

Mas diversas instituições públicas e algumas organizações não-governamentais têm promovido debates sobre o fenómeno, procurando soluções

[278] Salgado, 2010: 2-3.

que possam contribuir para a minimização do cenário e os seus efeitos, *maxime* que a violência contra a mulher no âmbito das relações familiares acarreta consequências negativas nas famílias, especialmente às mulheres e crianças. Acresce que o Ministério do Interior criou o departamento de atendimento de violência doméstica e de menores na Polícia da República de Moçambique, onde os maiores beneficiários são as mulheres e as crianças. As vítimas do sexo masculino também têm o direito de denunciar, mas a cultura moçambicana desconsidera esses factos, tornando-se um estigma que *mata lentamente* os homens, que não denunciam o crime devido ao preconceito e a vergonha.

Por outro lado, os informantes naturais de Moçambique entendem que o Estado deve intervir no âmbito da prevenção e repressão do crime de VD, porque se trata de um crime que viola os direitos humanos; que a moldura penal deste tipo legal devia aumentar para diminuir a reincidência, e que cabe ao Estado intervir quando há situações que atentem contra a vida e a integridade da pessoa dentro da família. Por outro lado, algumas vozes entendem que a violência doméstica devia ser um crime de natureza semipública e, dessa forma, depender da vítima o procedimento criminal, pois, atualmente, não se faz nenhum acompanhamento para garantir a segurança da vítima, no caso de o suspeito estar em liberdade; e, em muitos casos, as vítimas são dependentes dos maridos e acabam por desmentir tudo quando são inquiridas pela Polícia, por temer a perda da única fonte de sustento familiar.

São Tomé e Príncipe

O art. 15º da Constituição da República Democrática de São Tomé e Príncipe, aprovada pela Lei nº 1/2003, de 25 janeiro, estatui o princípio da igualdade, determinando que todos os cidadãos são iguais perante a lei, gozam dos mesmos direitos e estão sujeitos aos mesmos deveres; e que a mulher é igual ao homem em direitos e deveres, sendo-lhe assegurada plena participação na vida política, económica, social e cultural. Acresce que, nos termos do art. 23º, a integridade moral e física das pessoas é inviolável e ninguém pode ser submetido a tortura, nem tratos ou penas cruéis, desumanos ou degradantes. Por fim, o art. 26º impõe que todos têm o direito de constituir família e de contrair casamento em condições de plena igualdade, e que os cônjuges têm iguais direitos e deveres quanto à capacidade civil e política e à manutenção e educação dos filhos.

No entanto, o Código Penal, aprovado pela Lei nº 6/2012, de 6 de agosto, não é claro quanto à natureza do tipo legal em análise. Quando é que estamos perante um crime semipúblico ou um crime público à luz do CP?[279]. Nos termos do art. 152º, nº 1, incorre no crime de maus tratos ou sobrecarga de menores e de subordinados e violência doméstica, o pai, mãe ou tutor de menor de 16 anos ou todo aquele que o tenha a seu cuidado ou à sua guarda ou a quem caiba a responsabilidade da sua direção ou educação, quando, devido a malvadez ou egoísmo: lhe infligir maus tratos físicos, o tratar cruelmente ou não lhe prestar cuidados ou assistência à saúde que os deveres decorrentes das suas funções lhe impõem; ou o empregar em atividades perigosas, proibidas ou desumanas, ou sobrecarregar, física ou intelectualmente, com trabalhos excessivos ou inadequados de forma a ofender a sua saúde, ou o seu desenvolvimento intelectual, ou a expô-lo a grave perigo. Nos termos do nº 3 do mesmo artigo, é ainda punido quem infligir ao seu cônjuge ou com quem ele conviver em união de facto ou condições análogas às dos cônjuges, o tratamento descrito no nº 1; determinando o nº 6 que, nos casos previstos nos nºs 1 e 3, o procedimento criminal depende de queixa, o que contraria o espírito vertido na Lei da Violência Doméstica.

Assim, a VD é um crime público nos termos da Lei nº 11/2008, de 29 de outubro (Lei da violência doméstica), *i.e.*, qualquer ação ou omissão decorrente no seio familiar ou doméstico que cause morte, lesão, sofrimento físico, sexual ou psicológico, bem como dano moral, patrimonial ou privação de liberdade. Esta última pode ocorrer no âmbito da unidade doméstica, no seio da família e em qualquer relação íntima de afeto (art. 5º). Com a entrada em vigor da Lei nº 11/2008, de 29 de outubro, a violência doméstica em São Tomé e Príncipe passou a ser um crime público ao abrigo do art. 49º. Este diploma criou mecanismos para prevenir e punir a violência doméstica, de acordo com os compromissos assumidos ao nível da Convenção sobre a Eliminação de todas as Formas de Violência contra a Mulher, dispondo sobre a criação dos Juízos especializados em matéria de violência doméstica e outras formas de violência baseadas no género; e estabelecendo medidas de assistência e proteção às vítimas.

[279] *In* https://www.telanon.info/sem-categoria/2012/11/12/11738/violencia-domestica-no-contexto-de-uma-contradicao-de-paradigma/ (consultado em 12 de abril de 2021).

O território de São Tomé e Príncipe é composto pelas ilhas de São Tomé e Príncipe, pelos ilhéus das Rolas, das Cabras, Bombom, Boné Jockey, Pedras Tinhosas e demais ilhéus adjacentes[280], existindo uma visão diferente por parte dos cidadãos em algumas áreas do país, por motivos diversos, um dos quais é a submissão da mulher perante o homem, nomeadamente na região sul do país, onde se verifica a tendência nas famílias em não denunciar os crimes de VD e, após a detenção dos infratores, as vítimas dirigem-se frequentemente à Polícia a suplicar a libertação dos detidos. Acresce que em São Tomé e Príncipe existe um Centro de Aconselhamento Contra a Violência Doméstica que gera diversas fricções, pois muitas das ocorrências são tratadas nesse Centro, em detrimento dos crimes que têm um tratamento judicial, gerando um sentimento de ódio e vingança entre as famílias, porque a violência doméstica é aceite e encarada como algo normal. Mas a discussão sobre o fenómeno tem vindo a ganhar espaço, verificando-se um maior rigor no tratamento pelas autoridades. Por isso continua a existir uma visão diferenciada na sociedade santomense, sobretudo nas comunidades mais iletradas, onde esse fenómeno não é compreendido como um crime pela população.

A perspetiva dos ex-alunos de ST assemelha-se à visão do ex-aluno angolano: tem havido uma evolução na mudança de mentalidades e no esforço da prevenção do crime de VD. No entanto, as práticas ancestrais e os costumes tendem a contrariar um avanço mais consistente. Vejamos:

> Sim, existe o crime de violência doméstica, tipificado numa lei específica e no CP. Tem havido alguma evolução quanto à mudança de mentalidade sobre este assunto. Tem havido cada vez mais denúncias, o que demonstra que este tema tem deixado de ser tabu, fruto de intensificação das campanhas de sensibilização, onde a Polícia Nacional de ST tem tido um papel muito interventivo. (...) atualmente sinto que vivemos uma fase de transição do 'normal' para o 'condenável' (02.ST.H).
>
> A VD em São Tomé e Príncipe é um crime público. O país tem 1001 km quadrados e tem cerca de 200 mil habitantes, portanto, a possibilidade de existirem regiões com uma visão diferenciada é muito reduzida devido a pequenez do país. As autoridades têm travado uma luta incessante contra a VD, entretanto, existem alguns hábitos e costumes que potenciam esta prá-

280 Art. 4º, nº 1 da Constituição da República Democrática de São Tomé e Príncipe.

tica e muitas vezes é a própria vítima e os familiares próximos que protegem os infratores devido a dependência financeira (03.ST.H).

Os alunos naturais de São Tomé e Príncipe entendem que o Estado deve ter um papel ativo na prevenção e repressão do crime de VD, uma vez que deve garantir a segurança e o bem-estar dos cidadãos, sobretudo quando estão em causa direitos fundamentais, como é o direito à vida. Os ex-alunos santomenses também entendem que o Estado deve continuar a intervir no âmbito da VD e que ainda há muito trabalho a ser feito no que se refere à sensibilização e criação de condições para a sinalização, atendimento e acolhimento das vítimas, além do quadro legal; e que as vítimas se sentem reféns e submissas aos agressores, levando a que os processos-crime não avancem. A violência doméstica é um crime que afeta a sociedade santomense de forma muito profunda, daí a necessidade de o Estado ter uma estratégia coordenada. Vejamos:

> Ainda há muito trabalho a ser feito neste ramo, não só no que toca à sensibilização, mas também na criação de condições para o acompanhamento, sinalização, atendimento e acolhimento às vítimas, além da própria componente legal. Por outro lado, muitas vezes as vítimas sentem-se reféns dos agressores e submissas a eles, fazendo com que os casos não avancem da forma mais correta (02.ST.H).

> A família é o principal pilar de uma sociedade. Uma sociedade com famílias desestruturadas acaba sendo uma sociedade gravemente doente. Famílias desestruturadas geram indivíduos desequilibrados, por isso, a intervenção do Estado é fundamental (03.ST.H).

> A violência doméstica é um crime que afeta a sociedade santomense de forma muito profunda, daí a necessidade de o Estado ter uma estratégia coordenada e multissetorial com vista a um combate eficaz e eficiente deste flagelo (04.ST.H).

4. O ensino superior policial

No presente capítulo, abordamos a trajetória do ensino superior policial em Portugal e nos PALOP, culminando numa reflexão sobre a integração dos alunos cooperantes no ensino português, onde a formação em direitos humanos e os princípios do Direito Penal material e formal, de matriz constitucional, representam uma marca indelével. A dificuldade em superar os dogmas da visão social sobre a formação policial só pode ser superada através da educação, para se poder ultrapassar uma visão puramente repressiva. Por isso, a inclusão dos direitos humanos tem sido uma realidade na generalidade das Polícias dos países com maior tradição democrática, que têm investido na formação policial[281].

4.1. O ensino superior policial em Portugal

No início da democracia portuguesa, marcada pela revolução de 25 de abril de 1974, o Programa do Movimento das Forças Armadas previu, como medida imediata, a reorganização e saneamento das forças armadas, militarizadas e policiais. Nessa senda, iniciou-se um processo de reconfiguração da Polícia assente na consolidação de uma força de segurança com uma matriz civil e respeitadora dos direitos, liberdades e garantias dos cidadãos, nomeadamente através de um estabelecimento de ensino superior policial que formasse as futuras elites administrativas e que, por essa via, interrompesse o ciclo da liderança oriunda das Escolas militares[282]. De 1935 até à

[281] Faria Júnior e Brasil, 2018; Dias e Poiares, 2021.

[282] Fachada, 2001; Borges, 2002; Santos, 2014; Muirequetule, 2017; Dias e Poiares, 2021.

atualidade, a PSP registou 23 comandantes-gerais[283] e diretores nacionais[284], dos quais 17 eram oriundos do Exército, três provenientes da magistratura e três da carreira de Oficial de Polícia formados na Escola Superior de Polícia (atual ISCPSI)[285]. Assim, a necessidade de constituir um corpo de oficiais com formação específica destinado a comandar a PSP, substituindo gradualmente os oficiais do Exército, esteve, em 1979, na origem de uma escola de ensino superior policial, materializada na publicação do Decreto-Lei nº 423/82, de 15 de outubro, criando a ESP.

Para o cumprimento desse desígnio, criou-se uma comissão instaladora, consignada no Decreto-Lei nº 288/83, de 22 de junho, competindo-lhe, entre outras atribuições, estabelecer a estrutura e a organização interna da Escola; propor a instalação e a localização do edifício; apresentar o plano curricular do curso a ministrar e o recrutamento do pessoal docente; aprovar os planos de atividades e os regulamentos do curso; e adquirir equipamentos e mobiliário; tendo solicitado a colaboração da Direção-Geral do Emprego e da Formação da Administração Pública para proceder ao estudo acerca das condições de admissão ao curso e a seleção dos candidatos. No fundo, a esfera de ação da comissão instaladora visava habilitar a ESP com os meios indispensáveis para o cumprimento da sua missão específica, enquanto academia policial[286] com um regime de internato. Historicamente, o internato assumiu-se como um meio de obter um nível de escolaridade avançado, determinante na criação de segmentos sociais[287]. Ou seja, o internato destinava-se à formação de elites dirigentes, tal como ocorria em internatos de elite, como as escolas para a formação de oficiais do exército[288], onde era potenciada a ideia de instituição total, um híbrido social, parcialmente comunidade residencial, parcialmente organização formal[289], que permite uma melhor socialização à cultura organizacional.

A ESP passou por um regime de instalação pelo período de dois anos, por força do Decreto-Lei nº 288/83, de 22 de junho. Contudo, a complexidade dos problemas suscitados pela estruturação da Escola e a planificação

[283] De 17 de maio de 1935 a 29 de março de 1999.

[284] Desde 30 de março de 1999.

[285] Dias e Poiares, 2021.

[286] Neves, 2019: 44.

[287] Guigue e Boulin, 2016; Saraiva, 2017.

[288] Goffman, 1961: 68; Neves, 2019: 10.

[289] Goffman, 1961: 22.

da sua atividade, associada a dificuldades com a aprovação dos seus quadros de pessoal, impossibilitaram que, no prazo fixado, se pusesse termo ao regime de instalação da ESP, cujo prazo foi prorrogado até 30 de junho de 1986[290]. Germano Marques da Silva, membro da Comissão Instaladora, refere que era preciso que a Polícia passasse a ser vista como amiga do cidadão, pois Polícia é sinónimo de Civilização, de Cultura. Apesar do receio da novidade relativamente a começar a haver polícias doutores, nunca houve resistência por parte dos governos em criar a ESP. Essencialmente, o que se procurou foi uma mudança de mentalidade e aproximar a Polícia da sociedade. Contudo, quando a ESP foi fundada, ninguém sabia o que devia ser a formação do futuro Oficial de Polícia, tendo então sido implementado o modelo do Oficial do Exército[291], com base numa formação multidisciplinar, onde devia haver espaço para as Ciências Jurídicas e Policiais, mas também a Cultura e a História do país para formar uma Polícia mais humanista[292].

Em 1982 foi, assim, criada a ESP[293] e, logo em 1985[294], o comandante-geral e o 2º comandante-geral da PSP passaram a ser nomeados entre os Oficiais Generais ou Oficiais de Polícia de categoria não inferior a superintendente com o mínimo de 4 anos na mesma patente. A partir deste momento, pela primeira vez, surgiu a oportunidade do cargo de comandante-geral ser desempenhado por um Oficial de Polícia. Nessa senda, os Oficiais do Exército, colocados na PSP, tiveram a possibilidade de regressar aos Quadros de origem ou transitarem para a carreira da Polícia.

Em 1986, foi aprovado o Regulamento da ESP[295] e foi revogado o Decreto-Lei nº 423/82, de 15 de outubro que, no art. 17º, nº 1, estipulava que na ESP serão ministrados os seguintes cursos: Curso de Formação de Oficiais de Polícia; Curso de Promoção de Oficiais Superiores de Polícia; e Curso Superior de Comando e Direção, não existindo qualquer menção

[290] Decreto-Lei nº 104/86, de 19 de maio.

[291] Cruz, 2015: 8; Dias e Poiares, 2021.

[292] A este propósito Valente (2012) questiona: como é que um Oficial de Polícia pode fazer bem o seu trabalho sem ter consciência da sua história e da cultura do país? Como é que, sem dar a conhecer os grandes autores portugueses, podemos esperar formar uma Polícia mais humanista?

[293] Decreto-Lei nº 423/1982, de 15 de outubro.

[294] Decreto-Lei nº 151/1985, de 9 de maio.

[295] Decreto-Lei nº 318/86, de 25 de setembro.

a graus académicos. Essa referência indireta surge no art. 19º, quando se determina que o CFOP será considerado, para todos os efeitos, um curso superior; e que às disciplinas de natureza científica e humanística lecionadas na ESP poderá, por portaria conjunta dos Ministros da Administração Interna e da Educação e Cultura, ser dada equivalência a disciplinas professadas nos diversos níveis do sistema educativo.

Em 1989, o MAI emitiu um Despacho onde justificava a necessidade de ajustamentos no plano de estudos do CFOP, para uma melhor coordenação entre as várias disciplinas[296]. Na área do Direito, ocorreram as seguintes alterações: voltou a existir uma disciplina de Direito Civil e outra de Introdução ao Estudo do Direito, em vez da disciplina de Noções Gerais de Direito Civil, como se verificava no segundo Plano de Estudos; surgem, pela primeira vez, as disciplinas de Direito Comunitário e Organismos Internacionais, de Direitos Fundamentais e Direitos do Homem e de Direito Penal; a disciplina de Direito de Menores passou a denominar-se Direito de Menores e da Família, e a disciplina de Processo Criminal e Organização Judiciária passou a denominar-se Processo Penal e Organização Judiciária[297].

Em 1993, foi estendido à ESP o regime das escolas militares de ensino superior, *i.e.*, a titularidade de diploma correspondente aos cursos de formação de oficiais ministrados pela ESP, antes da entrada em vigor do Decreto-Lei nº 43/93, de 20 de fevereiro, passou a ser, para efeitos de ingresso ou de progressão na função pública, considerada como equivalente a licenciatura[298]. Meses mais tarde, foi aprovado o Estatuto da ESP[299]. No ano seguinte (1994), foi criado e regulamentado o curso de licenciatura em Ciências Policiais da ESP e aprovado o respetivo plano de estudos[300], que previa a seguinte distribuição de unidades de crédito por oito áreas científicas e o Estágio: Ciências Jurídicas (37); Ciências Sociais e Políticas (27); Línguas (25); Ciências Policiais (22); Equipamentos, Tecnologias e Sistemas de Ensino (15); Tecnologia Policial (15); Ciências Exatas (10); Gestão e Administração (9); e o Estágio (35).

[296] Despacho do MAI, de 19 de junho de 1989. Diário da República nº 153, II Série, em 6 de julho de 1989.

[297] Cruz, 2015: 15.

[298] Decreto-Lei nº 43/93, de 20 de fevereiro.

[299] Decreto-Lei nº 402/93, de 7 de dezembro.

[300] Portaria nº 298/94, de 18 de maio.

O Plano de Estudos de 1994 dava uma particular relevância à disciplina de Direito Penal e Direito da Mera Ordenação Social, com um total de 97 horas teórico-práticas e um coeficiente máximo de 3, à semelhança da disciplina de Direitos Fundamentais e Direitos do Homem, com 60 horas letivas, apenas ultrapassadas, em termos de carga horária, pelas disciplinas de Técnica de Serviço Policial I e II. Nesse mesmo ano, a nova Lei Orgânica da PSP[301] passou a definir que o comandante-geral seria escolhido de entre Oficiais do Exército com a patente de general ou de entre Oficiais de Polícia com a categoria de superintendente-chefe.

Em 1996, a Lei Orgânica da PSP foi alterada[302], determinando que o comandante-geral, além de um general ou superintendente-chefe, também podia ser um magistrado ou outra personalidade de reconhecida idoneidade. Em 1999[303], foi alterada a nomenclatura policial, criando-se a figura do diretor nacional, em substituição do comandante-geral, e o recrutamento passou a estar reservado a superintendentes-chefes ou indivíduos licenciados de reconhecida idoneidade e experiência profissional; e a ESP passou a designar-se como Instituto Superior de Ciências Policiais e Segurança Interna[304], podendo conferir graus académicos em áreas científicas relevantes para a segurança interna[305] e não apenas a licenciatura em ciências policiais[306], assumindo novas missões no ensino superior universitário policial[307].

Em 2002, foi registada a adoção, pela PSP e a GNR, do Código Deontológico do Serviço Policial[308], em linha com a Resolução nº 690, da Assembleia Parlamentar do Conselho da Europa, de 8 de maio de 1979, e da Resolução nº 34/169, da Assembleia Geral das Nações Unidas, de 17 de dezembro de 1979, surgindo, no seu art. 3º, o respeito pelos direitos fundamentais da pessoa humana, marca distintiva da formação superior policial desde 1 de outubro de 1984, momento em que se começou a dotar a PSP de

301 Decreto-Lei nº 321/94, de 29 de dezembro.

302 Decreto-Lei nº 2-A/96, de 13 de janeiro.

303 Lei nº 5/99, de 27 de janeiro.

304 Art. 11º, nº 1, alínea f) da Lei nº 5/99, de 27 de janeiro; Carrilho, 2005: 31-59; Paymal, 2008; Dias e Poiares, 2021.

305 Art. 78º, nº 2 da Lei nº 5/99, de 27 de janeiro.

306 Cruz, 2015: 15.

307 Paymal, 2008; Dias e Poiares, 2021.

308 Resolução do Conselho de Ministros nº 37/2002, de 7 de fevereiro.

um quadro próprio e autossuficiente de Oficiais, com formação e especialização de nível superior[309], ministrando o Curso de Formação de Oficiais de Polícia de forma ininterrupta até aos dias de hoje, conferindo o grau de mestre em Ciências Policiais[310].

Nos termos do art. 50º da Lei Orgânica de 2007[311], o ISCPSI é um instituto policial de ensino superior universitário que tem por missão formar Oficiais de Polícia, promover o seu aperfeiçoamento permanente e realizar, coordenar ou colaborar em projetos de investigação e desenvolvimento no domínio das Ciências Policiais e confere, nos termos da lei[312], graus académicos na sua área científica. Esta realidade ganhou particular significado quando o ICPOL, unidade de Investigação, Desenvolvimento e Inovação do ISCPSI, foi avaliado internacionalmente pelo painel de Direito e Ciência Política da Fundação para a Ciência e Tecnologia, com a menção de *Muito Bom*, no ano de 2019.

Em 2009, foi aprovado o novo Estatuto do ISCPSI[313], adaptando-o às novas exigências do ensino superior universitário, à luz da Reforma de Bolonha. Assim, nos termos do art. 3º do Estatuto, o ISCPSI passou a conferir o grau de mestre após um ciclo de estudos integrado com 300 ECTS[314] e uma duração de dez semestres curriculares, constituindo a habilitação mínima exigida para o ingresso na carreira de Oficial de Polícia; e confere o grau de licenciado aos alunos que tenham realizado os 180 créditos correspondentes aos primeiros seis semestres curriculares de trabalho, não constituindo habilitação para o ingresso na carreira de Oficial de Polícia. O ISCPSI pode ainda associar-se com universidades públicas nacionais para a realização de ciclos de estudos conducentes ao grau de doutor[315]. O novo plano de estudos teve por base a alteração das 194 unidades de

309 De acordo com o Decreto-Lei nº 129-B/84, de 27 de abril.

310 Graus de licenciado em Ciências Policiais e Mestre em Segurança Pública, a partir do ano letivo de 2021-2022, por força do novo plano curricular.

311 Lei nº 53/2007, de 31 de agosto.

312 Lei nº 62/2007, de 10 de setembro (Regime Jurídico das Instituições de Ensino Superior).

313 Decreto-Lei nº 275/2009, de 2 de outubro.

314 *European Credit Transfer and Accumulation System*. Decreto-Lei nº 74/2006, de 24 de março, alterado pelo Decreto-Lei nº 107/2008, de 25 de junho; e pelo Decreto-Lei nº 230/2009, de 14 de setembro.

315 A este propósito, o ISCPSI desenvolveu diversas diligências, até 2016, no sentido de aprovar um programa de doutoramento em Ciências Jurídicas e Policiais, em associação

crédito para 300 ECTS. De acordo com o anexo I, nº 7 do Despacho nº 7902/2010, de 25 de janeiro, as áreas científicas do CMICP e os respetivos ECTS são: Ciências Jurídicas (43), Ciências Sociais e Políticas (26,5), Ciências Exatas (7,5), Humanidades (24), Ciências Policiais (29,5), Equipamentos, Tecnologias e Sistemas de Controlo (19), Gestão e Administração (7,5), Técnica Policial (50), Educação Física (33), Estágio (30) e Trabalho de Projeto (30)[316].

No dia 15 de outubro de 2015, o ISCPSI submeteu à A3ES o pedido para acreditação de um novo ciclo de estudos, designado igualmente como mestrado integrado em Ciências Policiais, mas somente com três áreas científicas: Ciências Policiais, Ciências Jurídicas e Ciências Sociais e Humanas, para além do Estágio e da Dissertação[317]. Neste momento encontra-se em vigor a estrutura curricular e plano de estudos do ciclo de estudos de mestrado integrado em Ciências Policiais[318], com a seguinte distribuição dos ECTS: Ciências Policiais (125), Direito (76), Ciências Sociais e Políticas (35,5) e Ciências Exatas (3,5). A área científica do Direito surge distribuída da seguinte forma: Direito Penal I (7), Direito Civil (7), Direito Administrativo (7), Direitos Fundamentais (6,5), Introdução ao Estudo do Direito (6,5), Direito Penal II (6), Processo Penal e Organização Judiciária II (5,5), Direito de Mera Ordenação Social (5,5), Direito Internacional Público (5), Direito Constitucional (5), Processo Penal e Organização Judiciária I (5), Teoria Geral do Direito Policial I (5) e II (5). A UC de Ética e Deontologia e Policial, não sendo uma unidade da área jurídica, representa 5 ECTS[319].

No Plano Estratégico do ISCPSI 2017-2020, surgiram como eixos estratégicos a promoção da qualidade de ensino através de revisão do plano de estudos do CMICP, reajustando-o ao novo ambiente operacional, e a renovação da sua acreditação pela A3ES, em linha com a necessidade de conso-

com a Escola de Direito da Universidade do Minho, algo que não se concretizou até ao momento.

[316] Cruz, 2015: 23-24. Anexo I, nº 7 do Despacho (extrato) nº 7902/2010, de 25 de janeiro.

[317] Cruz, 2015: 25.

[318] Cf. Aviso nº 8826/2019, de 8 de maio, publicado no Diário da República, 2ª Série, nº 98/2019, de 22 de maio.

[319] Atualmente, estabelecem-se como condições gerais de admissão candidatos com idade inferior a 21 anos até ao dia 31 de dezembro do ano do concurso ou, como condições especiais de admissão, pessoal com funções policiais cuja idade não seja superior a trinta e cinco anos no ano do concurso.

lidação da diversificação da oferta de produtos formativos à comunidade e o reforço da investigação científica e da internacionalização. Nessa medida, e porque a missão de formar os Oficiais de Polícia exige um esforço constante e sustentado de reflexão, de conceção e adaptação dos programas e métodos pedagógicos[320], o Plano de Estudos, que foi submetido à A3ES em 2020 e que vai ser implementado no ano letivo 2021-2022, termina com a estrutura de ciclo de estudos integrado, por imposição legal[321], atribuindo o grau de licenciado em Ciências Policiais, aos alunos que concluam os primeiros 180 ECTS (três anos letivos) e o grau de mestre em Segurança Pública, aos alunos que concluam 120 ECTS (dois anos letivos), número de créditos necessário à obtenção do grau (300 ECTS).

A nova licenciatura em Ciências Policiais, que entrou em vigor no ano letivo de 2021-2022, apresenta quatro áreas científicas com a seguinte distribuição de ECTS: Ciências Policiais (66,5); Direito (60,5)[322]; Ciências Sociais e Políticas (29,5); e Ciências Empresariais (23,5). Na área científica do Direito, as unidades curriculares com mais créditos são o Direito Administrativo (7) e o Direito Civil (6,5), seguidas pelo Direito Penal I (6), a Introdução ao Estudo do Direito (6) e o Direito Penal II (5,5), tendo *desaparecido* a UC de Direitos Fundamentais. Por outro lado, no mestrado em Segurança Pública, o Direito não tem lugar, apresentando as seguintes áreas científicas: Ciências Policiais (30 ECTS), Ciências Sociais e Políticas (30 ECTS), Estágio (30 ECTS) e dissertação de mestrado (30 ECTS).

4.2. O ensino superior policial nos PALOP

Na Europa, existem 28 escolas de polícia a ministrar ciclos de estudo de ensino superior acreditados à luz da Declaração de Bolonha; e 14 possuem o estatuto de Universidade, distribuídas por 13 países, incluindo Portugal.

[320] Almeida, 1999: 38.

[321] Nos termos do art. 19º, nº 1, do Decreto-Lei nº 65/2018, de 16 de agosto, no ensino universitário, o grau de mestre pode ser conferido após um ciclo de estudos integrado, com 300 a 360 créditos e uma duração normal entre 10 e 12 semestres curriculares, apenas nas seguintes áreas: Arquitetura e Urbanismo; Ciências Farmacêuticas; Medicina; Medicina Dentária; e Medicina Veterinária.

[322] Direito Administrativo (7); Introdução ao Estudo do Direito (6); Direito Constitucional (5); Direito Civil (6,5); Direito Penal I (6); Direito Penal II (5,5); Direito Processual Penal I (5); Direito Processual Penal II (5); Direito Policial (5); Direito da Mera Ordenação Social (5); Direito da União Europeia (4,5).

O primeiro curso do ISCPSI iniciou no ano letivo de 1984-1985, mas foi em 1988 que surgiram os primeiros alunos provenientes dos PALOP, mormente alunos de Cabo Verde, cenário que se manteve até 1994-1995, já que os outros países africanos só começaram a enviar estudantes regularmente a partir do ano letivo de 1995-1996.

O Governo de Cabo Verde foi, assim, pioneiro, ao ter a iniciativa de enviar alunos, quase dez anos antes dos outros países cooperantes, para frequentarem os estudos superiores de polícia em Portugal, porventura devido às fortes afinidades históricas e culturais. No entanto, a ESP não foi a única opção. Na década de 80 do século XX a Polícia Nacional de Cabo Verde iniciou a formação em Portugal, mas também enviou cerca de uma dezena de alunos para a Alemanha. Em paralelo, tem formado oficiais em Espanha e em Angola. Apesar disso, neste momento, a maioria dos oficiais da PNCV é formada em Portugal. Atualmente o ISCPSI já formou 150 Oficiais dos PALOP e, no ano letivo de 2020-2021, contou com 52 alunos distribuídos pelos cinco anos curriculares do CFOP: 19 cabo-verdianos, 12 moçambicanos, 9 guineenses, 9 são-tomenses e 3 angolanos[323].

O ensino superior policial ministrado nos PALOP é uma realidade embrionária. Cabo Verde, Guiné-Bissau e São Tomé e Príncipe não têm um estabelecimento de ensino superior desta natureza. Acresce que, nos últimos dois anos, a Polícia Nacional de Angola não enviou alunos para Portugal, o que pode ser explicado pelo facto de o Instituto Superior de Ciências Policiais e Criminais *General Osvaldo de Jesus Serra Van-Dunem*[324], no dia 29 de março de 2012, ter iniciado a sua atividade, ministrando os cursos de licenciatura em Ciências Policiais e Criminais, Direito e Administração Pública[325] e o curso de mestrado em Segurança Pública[326]. Ou pode-se depreender que não tem enviado novos alunos, por não receber a comunicação de vagas atempadamente, o que impede um processo de seleção adequado[327], encontrando-se em desenvolvimento, neste momento, um

[323] Para uma análise mais detalhada *vide* Tabela 1 e ss.

[324] Criado através do Decreto Presidencial nº 9/2012, de 20 de janeiro.

[325] Aprovados pelos Decretos Executivos nº 264/2017 e 267/2017 de 27 de abril.

[326] Aprovado pelo Decreto Executivo nº 128/2019, de 3 de junho. *In* https://iscpc-pna.co.ao/o-iscpc (consultado em 1 de abril de 2021).

[327] No dia 16 de julho de 2021 a Secretaria-Geral do Ministério da Administração Interna realizou uma reunião de coordenação, que contou com a presença do ISCPSI, a DNPSP e os Oficiais de Ligação do MAI junto das Embaixadas nos cinco PALOP, visando, entre

procedimento de seleção para o ano letivo de 2021-2022. Por outro lado, Moçambique também tem um estabelecimento de ensino superior policial, desde o ano de 2000, *i.e.*, a Academia de Ciências Policiais, que ministra a licenciatura em Ciências Policiais, mas continua a enviar alunos regularmente para Portugal. No espaço da lusofonia, o ensino policial tem seguido o modelo do ISCPSI, sendo de destacar a Academia de Ciências Policiais de Moçambique, o Instituto Superior de Ciências Policiais e Criminais de Angola e a Escola Superior de Polícia da Academia Nacional de Polícia da Polícia Federal, em Brasília (Brasil), criados com a colaboração do ISCPSI.

No entanto, uma parte dos seus quadros continuam a ser formados no estrangeiro, como Portugal, mas também em países que se distanciam da matriz axiológica europeia. A Polícia da Guiné-Bissau, por exemplo, forma os seus quadros superiores em Angola, Marrocos, Rússia, Argélia, etc., o que dificulta a consolidação de uma doutrina policial, atendendo que as proveniências académicas e profissionais, assim como a mundividência, são muito díspares. Em 2009, tivemos a oportunidade de colaborar, com o Instituto Médio de Ciências Policiais[328], num curso dirigido a oficiais da Polícia Nacional de Angola. Nessa altura, os formandos expressaram que sentiam alguma dificuldade em consolidar uma doutrina policial, no âmbito do planeamento e execução operacional, pois, nos últimos anos, estavam a receber formação de docentes provenientes de inúmeros países, com abordagens teórico-práticas muito distintas (*e.g.* Cuba e Espanha). Outro aspeto interessante, foi a resposta recebida quando os alunos foram confrontados relativamente ao *paradeiro* dos oficiais formados em Portugal porque, ainda não tinha contactado com os mesmos; tendo sido informado que, o então comandante-geral da Polícia Nacional de Angola, tinha uma formação profissional e académica diferente, e encarava os oficiais formados na Europa, como pessoas muito *complicadas*, que *só pensavam* em Direitos Humanos e em mudanças e, por isso, estavam em casa, sem trabalhar, mas a receber o vencimento. Este aspeto, apesar do hiato temporal – decorrida mais de uma década – é elucidativo da matriz formativa da Europa, *in casu* de Portugal, que tem por base os Direitos

outros aspetos, mitigar as dificuldades no âmbito dos processos de seleção dos futuros alunos cooperantes.

[328] Atual Instituto Superior de Ciências Policiais e Criminais da Polícia Nacional de Angola.

Humanos, os princípios do Direito Penal e o respeito pelos direitos, liberdades e garantias dos cidadãos, nota distintiva dos conteúdos ministrados no ISCPSI.

4.3. A integração dos alunos dos PALOP no ensino português

Após uma análise à evolução do ensino superior policial em Portugal e nos PALOP, torna-se relevante compreender o processo de integração dos alunos cooperantes no ensino superior policial português; e perceber se o modelo europeu de formação jurídica é ajustado à realidade profissional e cultural dos países africanos *sub judice*. Neste âmbito, Rui Pereira entende que a metodologia da formação ministrada no ISCPSI (docentes portugueses, conteúdos, duração, ligação entre a teoria e a prática, etc.), em particular o ensino do Direito Penal, é adequada para a formação dos futuros oficiais dos PALOP, embora se deva dar uma atenção especial ao aperfeiçoamento da língua, como instrumento auxiliar da aprendizagem de Ciências Policiais. No que respeita ao Direito Penal, a teoria da lei penal, a teoria do crime e a teoria da pena constituem hoje património comum dos Direitos da família romano-germânica, em que também se inserem, por razões históricas os PALOP, sem prejuízo das suas idiossincrasias. Contudo, convém ter presente que as respetivas legislações penais têm uma matriz portuguesa[329].

Assim, a maioria dos alunos cooperantes (80%), dos quais 11 mulheres (79% do universo feminino) e 29 homens (81% do universo masculino), sentiu dificuldades de integração, devido à cultura portuguesa, à língua, à alimentação, ao clima, aos novos conteúdos curriculares, ao processo de integração (praxe) durante o 1º ano curricular; ao retomar aos estudos após muitos anos de afastamento; à forma de ensino e às matérias lecionadas (informática, língua e cultura portuguesas, etc.); a um contexto totalmente novo, ao regime de internato e ao afastamento da família. Nessa medida, foram extraídas dez palavras-chave que se destacaram nas respostas ao inquérito:

[329] Resposta ao Inquérito – 2021 (Apêndice C).

Tabela 5 – Palavras-chave

Palavras-chave	Nº de respostas
Língua	14
Forma de ensino	13
Era tudo novo	11
Cultura Portuguesa	10
Processo de Integração (praxe)	10
Muito tempo afastado dos estudos	6
Internato	4
Clima	2
Alimentação	2
Longe da Família	2

Fonte: Inquéritos 2021.

Vejamos algumas respostas elucidativas:

Para mim era tudo novo. Nem todos os professores tinham a sensibilidade para esse facto (1.CV.H.4).

(...) vinha de um país com uma cultura diferente em que algumas matérias lecionadas eram estranhas para mim (3.CV.H.4).

(...) a mudança da realidade, país diferente, longe da família, foi como mudar de chip (26.CV.H.2).

No início do curso senti mais dificuldades em relação à integração da cultura académica, principalmente por causa das praxes que faziam parte da integração dos cadetes do 1º ano (28.CV.F.5).

As dificuldades surgiram pelo facto de ter terminado o 12º ano há 15 anos e desde então não ter estudado. E o facto de os cadetes do 1º ano serem sujeitos à fase de integração retira o tempo de estudo (29.CV.F.1).

(...) tive dificuldade em integrar-me na cultura portuguesa devido a aspetos sociais, culturais e linguísticos (2.GB.H.1).

(...) tem a ver com a cultura diferente e o clima (9.GB.H.1).

(...) o ensino guineense é muito fraco, comparado com o ensino português. Também teve a ver com a própria língua. A Guiné-Bissau tem várias lín-

> guas, étnicas ou das várias tribos que a habitam, e a língua crioula, que é a mais falada do que a própria língua oficial, e isto influencia muito, por isso foi difícil adaptar-me à fonética dos professores que pareciam falar demasiado rápido (11.GB.F.5).
>
> Na altura tudo era novo. Mas, a minha maior dificuldade era na comunicação, quase não percebia as explicações da matéria porque na altura era tudo muito rápido, mal entendia a mensagem (23.GB.H.2).
>
> (...) a compreensão da linguagem de alguns professores, o clima e a gastronomia (41.GB.H.4).
>
> No início senti algumas dificuldades no que tange à cultura académica e as matérias lecionadas (21.ST.F.5).
>
> Foi um choque de realidade (25.ST.F.2).
>
> (...) com a pressão do período da integração no primeiro ano, para mim foi muito difícil (44.ST.H.2).
>
> Os portugueses falam muito rápido em relação aos moçambicanos (13.MZ.H.4).
>
> Senti maior dificuldade na comunicação pois a pronúncia e o uso frequente de palavras não muito comuns no meu vocabulário ativo, acabava dificultando a perceção da mensagem e a má assimilação dos conteúdos lecionados. A questão do fuso horário, a cultura, a gastronomia bem como a fase da integração acabou, direta ou indiretamente, influenciando a parte académica (34.MZ.F.3).
>
> (...) o facto de estar longe da família também influenciou bastante (36. MZ.F.5).
>
> (...) havia certos professores que eu tinha mais dificuldade de perceber, por outro lado tem a ver com a convivência entre camaradas que têm uma educação diferente da minha, por exemplo, o trato com os meus pais era hierarquizado ou seja, sempre os tive como pessoas superiores a mim, logo, a forma como eu falava com eles não era a mesma que eu usava para falar com os meus amigos da mesma idade. Este facto, é abordado de outra forma, ou seja, os filhos tratam os pais por tu, como se fossem amigos da mesma idade, algo que até certo ponto criava-me alguma estranheza (15.ANG.H.4).

Por outro lado, 20% dos informantes (sete alunos de CV, dois de ST e um da GB) não sentiu dificuldades de integração, argumentando que o ensino e o ordenamento jurídico português são idênticos ao modelo praticado nos países de origem. É, contudo, uma resposta fortemente associada ao universo cabo-verdiano. Vejamos:

> O ensino em CV é parecido com o de Portugal, ainda que existam algumas diferenças (5.CV.H.3).
>
> O nosso sistema de ensino e o nosso ordenamento jurídico são muito semelhantes ao português e isso facilitou a adaptação (6.CV.H.4).
>
> Tendo em conta que o sistema educativo cabo-verdiano se assemelha ao sistema português, não senti muita dificuldade pelo facto de já ter vindo com uma certa base, o que me auxiliou bastante (7.CV.F.4).
>
> (...) há um certo grau de similaridade entre o que estou aprendendo no ISCPSI e o que aprendi no Instituto Superior Ciências Jurídicas e Socias (27.CV.F.2).
>
> No início do curso não senti dificuldade porque já andava no 3º ano do Curso de Direito (19.GB.H.5).

Acresce que os informantes ex-alunos demonstraram que sentiram dificuldades de integração à nova cultura, aos hábitos e costumes, o que não aconteceu em relação aos conteúdos ministrados. Vejamos:

> Não senti dificuldades de integração académica às matérias lecionadas (01.ANG.H).
>
> (...) viver, pela primeira vez, fora do ambiente familiar, num país desconhecido, novas culturas e novos hábitos foram fatores que, no início, foram condicionantes à adaptação (02.ST.H).
>
> A dificuldade sentida inicialmente deveu-se (...) à adaptação aos novos hábitos e costumes, associado ao clima de inverno que se fazia sentir. Relativamente às matérias lecionadas não constituíram problema (03.ST.H).
>
> Inicialmente senti dificuldades devido a uma nova realidade, novos hábitos e costumes. Em relação às matérias lecionadas e a organização do curso adaptei-me com maior facilidade uma vez que já tinha contacto permanente com várias áreas de saber (04.ST.H).

Os alunos cooperantes (76%) revelaram que não sentiram dificuldades relativamente à assimilação dos conteúdos de natureza jurídica, atendendo que os quadros legais dos PALOP se inspiraram no ordenamento jurídico português, em particular os alunos de CV (100%). As maiores dificuldades sinalizadas, uma vez mais, prendem-se com a língua, a informática e a matemática. Vejamos:

> Porque o ordenamento jurídico do meu país é praticamente semelhante (1.CV.H.4). Eu sou de um país onde o ordenamento jurídico é aproximado ao de Portugal, entendia perfeitamente os conteúdos que nos eram transmitidos (3.CV.H.4). (...) as leis cabo-verdianas têm origem no ordenamento jurídico português, fruto de quase todos os juristas de Cabo Verde terem estudado em Portugal (5.CV.H.3). (...) não senti grandes dificuldades relativamente ao nível académico pois a organização, estrutura e o funcionamento jurídico cabo-verdiano é muito idêntico ao ordenamento jurídico português, o que contribuiu significativamente para a fase de adaptação nos primeiros anos do curso (7.CV.F.4). (...) o ordenamento jurídico cabo-verdiano é uma cópia do ordenamento jurídico português (27.CV.F.2). Importa evidenciar neste ponto uma enorme influência do Direito português no Direito cabo-verdiano, fruto do passado histórico que liga as duas nações. Neste sentido, é de salientar a preponderância que a jurisprudência, bem como a doutrina portuguesa (enquanto fontes mediatas do Direito) gozam na formação de preceitos jurídicos em Cabo Verde. (...) não tive grandes dificuldades em assimilar os conteúdos lecionados sobre o ordenamento jurídico português (42.CV.H.5).

> Os nossos ordenamentos jurídicos são inspirados no ordenamento jurídico português. Não têm grandes diferenças que possam acarretar dificuldades (19.GB.H.5). (...) os nossos ordenamentos jurídicos, sobretudo os países africanos da língua oficial portuguesa, são inspirados no ordenamento jurídico português, como é o caso da Guiné Bissau (20.GB.H.5).

> (...) em relação ao ordenamento jurídico não houve problema uma vez que é semelhante ao do meu país (8.ST.H.3).

> (...) não senti grandes dificuldades visto que o ordenamento jurídico moçambicano inspirou-se no modelo português embora existam pequenas diferenças mas, no geral, há significativas semelhanças (34.MZ.F.3). Quanto às unidades curriculares da área jurídica, não tive grandes dificuldades dado que encontrei muitas semelhanças com o ordenamento jurídico em vigor no meu país de origem (39.MZ.H.2).

Por outro lado, os restantes alunos (24%), sentiram dificuldades na assimilação e no estudo do ordenamento jurídico português, invocando os seguintes argumentos: o facto de o ingresso no ISCPSI representar o primeiro contacto com o Direito; existirem algumas diferenças com o ordenamento jurídico do país de origem; o método de ensino, a tecnicidade da linguagem jurídica e o alcance da lei penal:

> (...) foi a partir desse momento que comecei a lidar com o Direito (22.ST.H.4).
>
> Senti muitas dificuldades visto que o ordenamento jurídico português é diferente do ordenamento jurídico do meu país, embora haja semelhanças em alguns aspetos (31.MZ.H.5).
>
> (...) tive que começar do zero, sendo que a maior parte da matéria lecionada no ISCPSI é referente à realidade portuguesa (36.MZ.F.5).
>
> (...) por ter sido o primeiro contacto com a área de ciências jurídicas (24.GB.H.3).
>
> (...) foi nesta formação que comecei a interagir com as ciências jurídicas (23.GB.H.2).
>
> (...) a linguagem jurídica é muito técnica e por isso exige muito domínio da língua para a compreensão e interpretação (11.GB.F.5).
>
> (...) a linguagem encontrada nos diplomas portugueses, uma vez que eu tinha um nível de vocabulário muito baixo; e limitação no conhecimento da língua portuguesa para interpretar as normas uma vez que as conjunções "ou" e "e" fazem toda a diferença e eu não tinha muita noção sobre as suas funções (14.ANG.H.4).
>
> (...) muitos conteúdos lecionados aqui eram completamente novos e complexos para mim (15.ANG.H.4).
>
> (...) ainda continua a ser difícil, pois tudo pareceu novo pois, há bastante matéria com que nunca tive contacto. Quanto ao estudo do ordenamento jurídico português (...) é de realçar que é de facto complexo visando, por exemplo, no caso de Direito Penal, reprimir os atos criminais, mas sempre com atenção para o bem-estar e a salvaguarda da vida do criminoso. Tive dificuldades para perceber estas "duas vertentes" pois, não tendo quaisquer entendimentos na matéria, supunha que a lei estivesse apenas para punir o criminoso sem se importar com a sua proteção (16.ANG.F.3).

Os ex-alunos não sentiram dificuldades, no estudo do ordenamento jurídico português, na medida em que o quadro legal, em particular em ST, apresenta uma concordância axiológica. Vejamos:

> Não senti dificuldades porque o sistema de ensino são-tomense é uma imitação do sistema de ensino português. Os conteúdos programáticos são idênticos e no âmbito de cooperação existem muitos professores portugueses lecionando em São Tomé. Em segundo lugar, o ordenamento jurídico são-tomense também absorve muito do ordenamento jurídico português (03.ST.H).

> As principais dificuldades foram sobretudo no que tange à matéria policial. Em relação ao ordenamento jurídico português, os conteúdos foram mais familiares, uma vez que em ST temos uma base jurídica cuja fonte é o Direito português (04.ST.H).

Cabo Verde

Os alunos cabo-verdianos entendem que o modelo europeu de formação jurídica é ajustado à realidade profissional do seu país, devido às semelhanças dos sistemas jurídicos, o que não acontece nos restantes países africanos. O ideal, segundo os informantes, será uma abordagem ao ordenamento jurídico de cada país cooperante, na medida em que atualmente não se aborda a realidade e os problemas dos PALOP. Mas entendem que um cidadão proveniente de CV, diplomado em Portugal, não sente dificuldades em aplicar os princípios e os valores assimilados, no âmbito do Direito Penal e dos Direitos Humanos, mais tarde no seu mandato profissional, no seu país, atendendo que os ordenamentos jurídicos são muito semelhantes, existindo muita formação e uma preocupação comuns pelo respeito dos Direitos Humanos. No entanto, existe a perceção de que nos outros PALOP existem algumas dificuldades na aplicação desses princípios, visão que não encontra eco nos testemunhos dos alunos de ANG, GB, MZ e ST. Vejamos:

> Em Cabo Verde não vamos ter dificuldades em aplicar os princípios e valores assimilados no âmbito do Direito Penal e dos Direitos Humanos, porque o nosso país, em termos de liberdade de expressão, é dos mais avançados do continente africano, sinto que estamos bem avançados em questões de direitos humanos e no que toca a segurança humana (3.CV.H.4).

> O ordenamento jurídico cabo-verdiano assemelha-se ao português, e sendo Cabo Verde um país onde um considerável número de estudantes de Direito

concluiu a sua formação superior em universidades portuguesas, penso que o mesmo não terá grandes dificuldades nessa aplicação, contudo, o mesmo deve ser avaliado e aplicado tendo em conta a realidade e o desenvolvimento do país (7.CV.F.4).

(...) na realidade cabo-verdiana não se sente grandes dificuldades em aplicar os princípios e valores aqui assimilados, porquanto Cabo Verde e Portugal estabelecem cooperação a vários níveis desde a independência de Cabo Verde, mormente a nível jurídico. A título de exemplo, Cabo Verde e Portugal estabelecem cooperação a nível de formação dos futuros oficiais de Polícia no ISCPSI, formação dos magistrados do Ministério Público no CEJ, bem como vários quadros cabo-verdianos a estudar vários ramos de direito nas universidades portuguesas (42.CV.H.5).

(...) de acordo com informações obtidas durante o curso deu para perceber que em alguns desses países sim (vão existir dificuldades), é o caso da Guiné Bissau, Moçambique e Angola (49.CV.F.5).

Guiné-Bissau

Os alunos naturais da Guiné Bissau também entendem que o modelo europeu está ajustado, apesar de existirem algumas limitações na aplicação prática nas comunidades mais conservadoras. Defendem que a maioria das leis foi inspirada nas leis portuguesas e que, apesar de representar uma aplicação prática diferente, no futuro os países africanos podem começar a adotar os modelos europeus de policiamento. Nesse sentido, o mais importante é saber ajustar e adaptar os conhecimentos adquiridos à realidade, respeitando os princípios legais orientadores da atividade policial. Contudo, os alunos guineenses apresentaram uma visão pouco consensual: 56% da amostra entende que não vão existir dificuldades, pois as legislações têm grande similitude; o ordenamento jurídico português é encarado como um modelo, um guia que influencia muitas pessoas a respeitar os direitos humanos e os procedimentos penais; e o importante é saber adaptar os procedimentos de acordo com a realidade, pois a legislação guineense é baseada no sistema português, nomeadamente no Direito Penal e nos Direitos Humanos. Por outro lado, 44% da amostra entende que vão existir dificuldades por causa da realidade que é muito diferente, surgindo algumas resistências por causa dos usos e costumes.

São Tomé e Príncipe

Os alunos santomenses entendem que o modelo europeu de formação é ajustado e complementar. Ou seja, apesar de a realidade local ser diferente, entendem que a formação jurídica ministrada em Portugal é adequada, sobretudo no âmbito dos princípios universais, como o respeito pela vida. No entanto, entendem que o estudo de algumas matérias não é adequado (como o Direito Europeu), ou seja, importa colocar um maior enfoque na realidade africana. Os alunos santomenses entendem que não vão existir dificuldades na aplicação dos princípios e valores assimilados no âmbito do Direito Penal e dos Direitos Humanos, mais tarde, no seu mandato profissional, uma vez que o conceito de Direitos Humanos é universal e um diplomado oriundo de países africanos não tem muita dificuldade na aplicação dos princípios, desde logo porque o eixo central que move o Direito e a Política não se distancia muito das realidades desses países, porém, diverge em alguns aspetos socioculturais.

Moçambique

Os alunos moçambicanos partilham da mesma visão, mas entendem que devia existir mais espaço para o diálogo na formação, dada a diferença dos contextos sociais e jurídicos, que vão obrigar um esforço de adaptação à realidade local. No entanto, os alunos entendem que não vão sentir dificuldades na aplicação dos princípios assimilados no âmbito do Direito Penal e dos Direitos Humanos, porque as leis vigentes em Portugal também existem em Moçambique e os princípios são idênticos, não se prevendo, por isso, qualquer dificuldade na sua aplicação.

Angola

Os alunos angolanos entendem que o ordenamento jurídico europeu é muito desajustado, porque, grande parte do conhecimento adquirido, não é aplicável na realidade de Angola, por se tratar de um povo diferente, com crenças e perspetivas de vida diferentes. No entanto, potencia a capacidade dos alunos para uma visão crítica da realidade. Os alunos demonstraram que vão existir algumas dificuldades e resistências internas na aplicação dos princípios jurídicos assimilados, mas serão casos isolados e que se encontram as mesmas violações em outras realidades no mundo.

Por outro lado, os ex-alunos entendem que o modelo europeu de formação jurídica é ajustado para os alunos provenientes dos países cooperantes. No entanto, realçam a importância de um corpo docente que possa integrar professores convidados naturais dos países cooperantes que possam abordar as realidades locais. Um dos informantes entende que o problema reside nos legisladores que não adaptam a lei à realidade sociocultural, limitando-se a fazer *copy-paste* do modelo europeu, realidade designada como *legal transplants*. Vejamos:

> Acho que não é desajustado, porém, poder-se-ia adequar o ensino (...) às realidades dos países de onde são estes alunos – promovendo a participação de docentes convidados destes países para, num determinado momento do curso, apresentarem e lançarem a discussão sobre casos práticos e teóricos com relevância para os seus países (01.ANG.H).
>
> (...) o problema está nos legisladores. É preciso ter em conta os aspetos socioculturais de cada povo e fazer as devidas adaptações e não o "*copy past*" do modelo europeu, como se verifica em São Tomé e Príncipe (03.ST.H).
>
> (...) as leis em ST são na sua grande maioria inspiradas no ordenamento jurídico português. (...) os estudantes formados em Portugal têm vantagem comparativamente com outros estudantes que se formaram em países fora da UE (04.ST.H).

Os ex-alunos entendem que um cidadão dos PALOP, diplomado em Portugal, não sente dificuldades em aplicar, no seu país, os princípios jurídicos assimilados, pois os ordenamentos jurídicos africanos representam uma projeção do quadro legal português, mas que, ainda assim, importa adaptar os conhecimentos adquiridos à realidade local. Vejamos:

> O ensino português (...), do meu ponto de vista é um bom ensino e, com maior ou menor dificuldade do formando, pode garantir bons desempenhos (01.ANG.H).
>
> Não, por serem realidades muito semelhantes no que toca à doutrina jurídica. No entanto, é sempre necessário haver uma readaptação às normas jurídicas locais (02.ST.H).
>
> Os princípios e valores no âmbito do Direito Penal e dos Direitos Humanos são universais, por isso, penso que não haverá esta dificuldade (03.ST.H).
>
> Não, porque acredito que quase todos os PALOP inspiraram as suas respetivas leis no ordenamento jurídico português (04.ST.H).

5. Direito Penal, violência doméstica e prática policial nos PALOP

Após uma abordagem ao fenómeno da violência doméstica à luz da lei, da tradição e das representações sociais, assim como ao ensino superior policial em contexto multicultural, importa, no presente capítulo, convergir os dois universos, para compreendermos o lugar do Direito Penal no ensino e na prática policial em Portugal e nos Países Africanos *sub judice*, através do estudo de caso da violência doméstica.

5.1. O lugar do Direito Penal no ensino superior policial

Assim, para compreendermos o protagonismo do Direito Penal no ensino superior policial, desenvolvemos uma análise documental[330], que permitiu concluir que, desde o primeiro ano letivo da então ESP (1984-1985), o peso da carga horária do Direito Penal foi oscilando em função das sucessivas alterações ao Curso de Formação de Oficiais de Polícia, com repercussões diretas nos conteúdos vertidos nas fichas das unidades curriculares e no número de horas ministradas, assim como nos docentes da UC. Acresce que, foi apenas com a nomeação da Professora Maria Fernanda Palma, em 2014, como regente das unidades curriculares relacionadas com o Direito Penal, e a sua nomeação como diretora do departamento científico de Ciências Jurídicas do ISCPSI, que se verificou uma preocupação, nos objetivos vertidos nos respetivos programas, com a compreensão da importân-

[330] Programas de todas as unidades curriculares na área do Direito Penal, de 1984 a 2021, disponibilizadas pela Direção de Ensino, após um pedido formal; sistematizadas numa grelha de análise (Apêndice D).

cia dos conhecimentos na ação dos órgãos e autoridades de polícia criminal, assim como a teoria geral do crime como método de decisão de casos, tomando em conta problemas específicos de atuação policial. Ou seja, pela primeira vez, existiu um esforço, materializado nos objetivos programáticos, em ajustar os conteúdos de Direito Penal às necessidades da futura prática jurídico-policial.

O Direito Penal marcou presença no CFOP, desde o primeiro *curriculum* de 1984, apesar das sucessivas alterações ao plano de estudos[331], mas o perfil académico e profissional dos diversos professores deste domínio científico não foi homogéneo. As fichas da unidade curricular de Direito Penal, de 1984 a 2021, assentam, em síntese, em quatro programas, cujas designações foram atribuídas aos responsáveis pela sua estruturação, a saber: "Marques Borges" (1986-1996), "Filipa Macedo" (1996-2006), "Maria Valadão e Silveira" (2006-2014) e "Maria Fernanda Palma" (2014-2021), com o envolvimento de dez regentes, até ao momento, mormente quatro magistrados judiciais, cinco professores universitários (dois doutores e três mestres em Direito) e um advogado. Curiosamente, o Direito Penal nunca foi (co-)lecionado por magistrados do Ministério Público ou por Oficiais de Polícia, apesar de existirem diversos graduados com formação nessa área[332].

No primeiro plano de estudos, que vigorou de 1984 e 1985, a cadeira anual designava-se "Direito Criminal", mas nunca foi lecionada pois estava prevista para o 3º e 4º anos curriculares, e ainda não existiam alunos nesses anos do CFOP. O plano de estudos de 1986 manteve a cadeira com a designação de "Direito Criminal", com 90 hora letivas, mas seria lecionada apenas no 3º ano, cujo regente foi o Dr. Joaquim Marques Borges, magistrado judicial. O programa "Marques Borges" vigorou inalterado durante dez anos (1986-1996), apesar das duas revisões do plano de estudos em 1989 e 1994, e de o magistrado judicial Pedro Mourão ter lecionado a cadeira de 1994 a 1996. Tratava-se de um Programa muito sucinto que destacava dois universos, as Partes Geral e Especial da Infração Penal, não existindo qualquer referência à atividade policial, menção que surgiria, como referimos

[331] Para a análise da estrutura curricular em vigor *vide* o Aviso nº 8826/2019, de 8 de maio. Diário da República, 2ª Série, nº 98/2019, de 22 de maio. Lisboa: MAI, 15848-15850.

[332] *E.g.*, o Professor Manuel Monteiro Guedes Valente, intendente da PSP que se encontra na situação de licença sem vencimento de longa duração desde 2016 e que foi professor no ISCPSI, é mestre em Ciências Jurídico-Criminais pela Universidade de Coimbra e doutor em Direito Penal pela Faculdade de Direito da Universidade Católica Portuguesa (2012).

anteriormente, somente em 2014, com o programa introduzido pela Professora Maria Fernanda Palma, apesar de se poder defender que a abordagem às autoridades e órgãos de polícia criminal faz mais sentido no âmbito do ensino do Direito Penal formal.

A revisão da estrutura do CFOP de 1989 alterou a designação da cadeira anual para "Direito Penal", mas manteve a carga horária de 90 horas no 3º ano curricular. Contudo, a posterior revisão de 1994 alterou a designação para "Direito Penal e Direito da Mera Ordenação Social", mantendo as 90 horas, mas passando a ser uma disciplina do 2º ano curricular, opção que se manteve até hoje. Em 1996, o curso sofreu novas alterações e a cadeira passou a designar-se "Direito Penal", sob a regência da Drª Filipa Macedo, magistrada judicial, que lecionou de 1996 a 2000. E foi só nessa altura, após dez anos do programa "Marques Borges", que os conteúdos da cadeira sofreram uma reformulação e um maior detalhe programático, abrangendo, por exemplo, a relação entre o Direito Penal e a CRP e os outros ramos do Direito, apesar de manter um vazio relativamente à importância destes conhecimentos na ação dos órgãos e autoridades de polícia criminal. Curiosamente, o programa de 1996, também vigorou dez anos (1996-2006), motivo pelo qual entendemos adequado identificá-lo como o programa "Filipa Macedo". Contudo, de 2001 a 2006, a disciplina de Direito Penal, que se manteve anual, com 90 horas letivas e lecionada no 2º ano do CFOP, teve a regência de cinco docentes, que mantiveram o programa "Filipa Macedo", o que nos parece representar uma fragilidade pedagógica e científica, pois esta alternância constante de docentes não permite a criação de um referencial doutrinário e jurisprudencial estável, na formação e nas práticas dos futuros Oficiais de Polícia.

Em 2006, o CFOP sofreu novas alterações, devido à reforma imposta pelo Processo de Bolonha, reconfigurando a antiga licenciatura (de cinco anos curriculares) no atual mestrado integrado em Ciências Policiais. Uma das alterações foi a substituição da cadeira anual de Direito Penal por duas unidades curriculares semestrais, designadas como "Direito Penal e Direito da Mera Ordenação Social I e II, lecionadas no 1º e 2º semestres do 2º ano do mestrado integrado. De 2006 a 2014, a regência esteve sob a responsabilidade da mestre Maria Valadão e Silveira, que estruturou uma ficha muito mais detalhada, do que as duas anteriores, num total de seis páginas (três páginas por semestre), apesar de não apresentar alterações significativas, mantendo-se o vazio relativamente à atividade policial.

É em 2014, com a regência da Professora Catedrática Maria Fernanda Palma, que surgiu o atual programa em vigor, que se manteve quase inalterado e apresenta conteúdos que abordam temas essenciais no âmbito do Direito Penal (e que também são abordados nos programas anteriores), mas introduz, pela primeira vez, os seguintes objetivos: na FUC de Direito Penal e Direito da Mera Ordenação Social I, surge a menção programática, *in fine*, "compreender a importância destes conhecimentos na ação dos órgãos e autoridades de polícia criminal"; e, na FUC de Direito Penal e Direito da Mera Ordenação Social II, lecionada no 2º semestre do 2º ano do CFOP, surge a referência, no início dos conteúdos, "A teoria geral do crime como método de decisão de casos, tomando em conta problemas específicos de atuação policial". Em 2018, o CFOP sofreu uma nova reforma e as duas unidades curriculares semestrais suprarreferidas passaram a designar-se como Direito Penal I e II, com 30 horas semestrais, num total de 60 horas (ao contrário das 120 horas do programa anterior). Contudo, o Direito das Contraordenações foi autonomizado, através da UC de Direito da Mera Ordenação Social[333], com uma carga letiva de 45 horas, lecionadas no 1º semestre do 3º ano do CFOP. Importa, ainda, realçar que os atuais programas de Direito Penal I e II mantêm as referências à abordagem a problemas específicos da atividade policial.

A evolução do ensino do Direito Penal do ISCPSI demonstra, assim, uma excessiva alteração dos conteúdos e dos responsáveis pela lecionação. No entanto, atualmente, existe uma preocupação em desenvolver uma dialética entre o ensino jurídico-penal e as especificidades da prática policial. Este diálogo é essencial, na medida em que a Polícia constitui o símbolo mais visível do sistema formal de controlo, o mais presente no quotidiano dos cidadãos e o *first-line enforcer* da lei criminal[334]. Os polícias são, acima de tudo, trabalhadores do conhecimento e mediadores de informação[335], uma atividade exigente, obrigando um investimento mais holístico na formação para garantir que um polícia está munido de todas as ferramentas perante os desafios da sociedade de risco[336], sobretudo quando sabemos que o seu mandato é desenvolvido num quadro de enorme discricionariedade, cons-

[333] UC que, a partir do ano letivo de 2021-2022, será lecionada por dois Oficiais de Polícia, licenciados em Direito e em Ciências Policiais e com formação pós-graduada em Direito.

[334] Dias e Andrade, 1997: 443.

[335] Giddens, 2009: 224-225.

[336] Moura, e Ramalho, 2017: 119-141; Felgueiras e Pais, 2017: 179-185.

tantemente escrutinada e que deve ser balizada por limites ético-legais, para garantir o respeito pelos direitos, liberdades e garantias dos cidadãos. A Professora Maria Fernanda Palma ensina que a igualdade, consagrada no art. 13º da Constituição, orienta as soluções do Direito Penal, pois subjaz à ideia de proporcionalidade entre a gravidade do ilícito e da pena e é a igualdade que sustenta a medição da pena pela culpa e a Humanidade do Direito Penal[337], mas também toda a atuação policial.

A sociedade contemporânea caracteriza-se, sobretudo no Ocidente, por um estado de monopolização do uso da força muito definido. E é com a formação desse monopólio detido pela autoridade central que as unidades de soberania adquirem o caráter de Estados[338], onde as forças e serviços de segurança apresentam um posicionamento privilegiado. A discricionariedade é a principal característica da ação policial, assumindo o seu estudo a maior importância, reconhecida que é a sua influência para uma melhor compreensão dos mecanismos que determinam a eficácia da lei nas sociedades democráticas, das políticas criminais e o modo de atuação dos serviços de polícia, no que respeita aos seus limites efetivos. Por discricionariedade policial, entende-se a possibilidade que os limites efetivos dão a cada polícia ou força policial de escolher livremente entre um possível modo de ação ou uma omissão, ou o poder de decidir quais as regras que se aplicam a uma situação específica e se devem aplicar ou não[339]. Black definiu discricionariedade como a autonomia que cada agente tem para tomar decisões[340].

Neste contexto, a ideia de que as circunstâncias de uma ocorrência determinam a razão para agir ganha particular relevância na chamada *ética da situação*, que representa um modelo das razões para agir baseado no particularismo racional, que defende que não existem circunstâncias uniforme e invariavelmente relevantes, ou seja, a mesma circunstância pode ser uma razão para agir num caso particular, ou ser uma razão para não agir noutro caso, levando a que seja reconhecida à Polícia uma latitude mínima de atuação indispensável ao exercício de funções, sem a qual se cai no risco de anomia na manutenção da ordem pública e na prevenção e repressão da criminalidade[341]. O contexto da ação explica os diferentes papéis que a

[337] Palma, 2020a: 97-101.

[338] Elias, 2006: 478-492.

[339] Davies, 1969: 4; Ericson, 1982: 11; Leitão, 2007: 569-573.

[340] *Cit in* Ericson, 1982: 12; Leitão, 2007: 573.

[341] Pereira, 2020: 15.

mesma circunstância pode desempenhar na prática[342], *in casu*, policial. Por isso, o modo como se ensina aos futuros Oficiais, que vão supervisionar as práticas policiais, é extremamente desafiante. Nessa linha de pensamento, Maria Fernanda Palma coloca a seguinte questão: como realizar um equilíbrio entre uma exposição derivada do pensamento teórico e a abordagem das questões imediatas e atuais sobre o sistema penal?[343]. A esta questão, respondeu centrando-se na definição dos problemas fundamentais do Direito Penal enquanto disciplina jurídica, apresentando uma introdução ao Estudo do Direito Penal, os Princípios e Fontes do Direito Penal, uma introdução à problemática da teoria geral da infração; as questões primárias da teoria da imputação e as questões sistemáticas; etc., para depois mergulhar na necessidade de um ensino dialético e de uma teoria da *praxis*. A reflexão formal sobre como o teatro da aula se desenhará não tem receitas. O método da aula está relacionado com a natureza dos problemas sobre que nos debruçamos. É necessário que os estudantes se tornem membros de uma comunidade científica, metodicamente crítica e com coragem de buscar a verdade[344], e com um elevado sentido ético e respeito pela dignidade da pessoa humana, independentemente dos contextos culturais em que se encontra inserido.

5.2. A abordagem da violência doméstica no ensino superior policial

Até ao início do séc. XXI o Curso de Formação de Oficiais de Polícia não previa uma abordagem à violência doméstica ou a igualdade de género. No fim do séc. XX, muita coisa se alterou na sociedade portuguesa, o que conduziu a diversas alterações no quadro legal e na intervenção das forças de segurança, no âmbito da prevenção e combate à violência doméstica. No entanto, existem aspetos a melhorar no plano da uniformização de procedimentos, na articulação interinstitucional, na formação e na mudança de mentalidades[345]. A abordagem da violência doméstica no CFOP, para além de ser realizada no âmbito da UC de Direito Penal II, é também estudada na UC de Técnica de Serviço Policial III, ministrada no 1º semestre do 4º ano curricular do CFOP[346].

[342] Dancy, 2004 *cit in* Mendes, 2020: 147.

[343] Palma, 2019b: 525.

[344] Palma, 2019b: 595-603.

[345] Poiares, 2019.

[346] *Vide* Poiares (2023) para aprofundamento das mais recentes alterações curriculares, como o funcionamento da UC de Temas Policiais Contemporâneos, à luz dos Direitos

O ensino deve representar, segundo Maria Fernanda Palma, uma introdução ao pensamento científico, uma iniciação do estudante ao pensamento objetivo, metodologicamente orientado às exigências da dúvida, do debate argumentativo, da noção de problema, e a uma iniciação à liberdade responsável de criticar, de discordar, de contradizer, de concordar e a liberdade de criar[347]. Por isso, na FUC de TSP III (2020-2021), verifica-se uma preocupação em consolidar o conhecimento teórico com a reflexão e a discussão crítica de casos reais e uma abordagem socio-histórica e jurídica para uma visão holística da problemática, em particular uma análise à evolução do tratamento da mulher na legislação, as representações sociais do género, a influência da igreja católica e dos sucessivos regimes políticos[348], entre outros aspetos. Acresce que são abordadas as atitudes face à diferença e a igualdade de género, as questões étnico-raciais, o universo LGBTQIA+[349] e a diversidade motora. Relativamente à violência doméstica, os alunos são informados que existe uma casa-abrigo no Algarve para homens vítimas, que começou a funcionar em 2016, ao abrigo de um projeto-piloto, assente numa carta de compromisso assinada entre o MAI e a Fundação António Silva Leal; e que existe uma casa-abrigo para pessoas LGBTQIA+, em Matosinhos, gerida pela Associação Plano i, que se chama *Casa Arco-Íris* e assegura o acolhimento urgente e de curta duração a vítimas de violência doméstica, acompanhadas ou não de filhos menores ou maiores dependentes, em virtude de questões de segurança e/ou de iminente risco de revitimização[350].

5.3. O ensino policial e a prática jurídico-penal nos PALOP

Na presente secção, sintetizámos a visão dos alunos cooperantes relativamente ao ensino policial e a prática jurídico-penal, à luz da violência doméstica. Por esse motivo, os testemunhos recolhidos aos informantes, provenientes dos cinco países africanos, representam uma mais-valia, *maxime* pela riqueza e diversidade de visões, experiências e propostas de

Humanos, desde o ano letivo 2022-2023, onde passou a ser abordado, de modo muito detalhado, o tema da violência doméstica.

[347] Palma, 1999b: 523-524.

[348] Poiares e Dias, 2019.

[349] Lésbicas, Gays, Bissexuais, Transexuais/Transgéneros, *Queer*, Intersexo, Assexual e outras orientações sexuais e/ou de identidade de género.

[350] Poiares, 2019, 2023.

ação. Nessa senda, entendemos fundamental introduzir os principais testemunhos no corpo de texto, para uma melhor compreensão das conclusões.

Os alunos (96%) entendem que a formação ministrada no ISCPSI, em particular o ensino do Direito Penal, é adequada às necessidades do futuro profissional nos seus países, atendendo que os ordenamentos jurídicos são muito semelhantes, existindo o entendimento que o Direito Penal é uma unidade curricular fundamental para um melhor enquadramento da atividade policial. Vejamos:

> Sim. Para além das legislações respetivas à temática serem muito semelhantes, há princípios e valores que servem para qualquer ordenamento jurídico (6.CV.H.4). Sim, pois o Direito Penal Cabo-verdiano foi influenciado pelo sistema português, inclusive a reestruturação do CP e a Constituição de Cabo Verde teve o contributo de algumas conceituadas figuras da doutrina do Direito, nomeadamente, a Professora Catedrática Doutora Maria Fernanda Palma (7.CV.F.4). (...) ter uma disciplina como o Direito Penal é de extrema importância no que concerne ao enquadramento que temos que fazer às ações/comportamentos das pessoas (26.CV.H.2). (...) considero essencial e adequado o ensino do Direito Penal às necessidades do meu futuro profissional no meu país, visto que o Direito cabo-verdiano encontra a sua influência máxima no Direito português, pelo que se torna oportuno ter este ramo do Direito no plano curricular do ISCPSI (42.CV.H.5). O conhecimento do Direito Penal, dos crimes e das penas, entre outros, é fundamental para o trabalho da Polícia pelo que considero imprescindível. (...) o Direito Penal é uma das disciplinas insubstituível na formação da Polícia num Estado de Direito Democrático. Para Cabo Verde considero adequado o estudo de Direito Penal que é transmitido no ISCPSI, uma vez que se adapta à nossa Polícia, tendo em conta que o Direito Penal cabo-verdiano é semelhante ao Direito Penal português em certas matérias (48.CV.F.5).
>
> Sim, porque a legislação guineense é uma autêntica cópia da portuguesa. E nós como futuros Oficiais da Polícia vamos ser confrontados no terreno com situações em que temos que saber lidar com as leis, principalmente a penal (11.GB.F.5). A nossa Constituição da República, nos termos do art. 21º, explicita que as forças e serviços de segurança têm por função defender a legalidade democrática e garantir a segurança interna e os direitos dos cidadãos. As medidas de polícia são só as previstas na lei, não devendo ser utilizadas para além do estritamente necessário. Portanto este preceito legal defi-

niu claramente o papel da polícia, mas para interpretá-lo (...) é necessário ter a noção das matérias jurídicas. Daí a necessidade e adequabilidade do ensino do Direito Penal, Direitos Humanos, etc. porque vai ajudar na interpretação jurídica e na fundamentação das nossas ações enquanto responsáveis em matéria da ordem, segurança e tranquilidade pública (20.GB.H.5). Sim, uma vez que o nosso ordenamento jurídico, nomeadamente na matéria penal, foi baseado no ordenamento jurídico português. Entretanto, isso me permitirá não só de ter o conhecimento de normas jurídicas que legitimam o que pode ou não deve ser feito, assim como saber interpretá-los. Embora, há vários tipos de direitos ou crimes que estão tipificados no ordenamento jurídico português, que ainda não estão no nosso ordenamento jurídico, no entanto, quando estes forem implementados, estarei à altura para interpretá-los e pô-los na prática na minha atividade profissional (23.GB.H.2).

Sim, porque *grosso modo* a legislação penal em vigor em São Tomé e Príncipe é muito semelhante à legislação Portuguesa, sem falar que até há pouco tempo atrás em São Tomé e Príncipe se usava o Código Penal Português de 1886 (21.ST.F.5). (...) o ensino do Direito Penal é muito relevante para os PALOP, pois as matérias lecionadas nesta unidade curricular são adequadas à sociedade santomense e as necessidades de um Oficial (25.ST.F.2). Sim, tendo em conta que esta formação ajuda a ter uma visão ampla no Direito Penal. (44.ST.H.2).

No que tange ao Direito Penal (...) será adequado para o que é semelhante. Ciente que há matéria que cá é crime e em Moçambique ainda não é considerado como crime (13.MZ.H.4). É adequada, o nosso ordenamento jurídico é cópia do português, a diferença é mínima (30.MZ.H.5). O ensino do Direito Penal é crucial e o facto de ser bastante semelhante ao Direito Penal em vigor no meu país é muito favorável para mim, para as funções futuras que desempenharei (39.MZ.H.2).

No entanto, alguns informantes entendem que a formação carece de uma adaptação, atendendo às especificidades locais, assim como a necessidade de uma leitura mais fina das causas dos problemas com um impacto na criminalidade. Por outro lado, um aluno angolano entende que o ensino do Direito Penal vai além das necessidades policiais:

Sim, considero ser adequada, mas pode ser melhorada. Embora o ordenamento jurídico e a sociedade do meu país continuar a ser influenciado pelo pensamento/ordenamento jurídico português e dos problemas, particularmente criminais, serem em grande parte iguais, temos algumas especificidades que fazem muita diferença. Se em Portugal muitos problemas já possuem respostas prontas e com alguma solidez, nós, em Cabo Verde, ainda não temos uma identificação clara da maioria dos problemas, pelo que, se aqui muitas vezes analisamos a forma como as respostas são aplicadas e os pontos em que precisam ser melhoradas, em Cabo Verde temos que preocupar primeiro com a identificação e análise das causas dos nossos problemas, para assim podermos definir respostas que seriam mais eficientes e eficazes face a nossa realidade, sobretudo do ponto de vista socioeconómico e cultural (18.CV.H.4).

(...) a tendência das ex-colónias é de replicar as estruturas administrativas e o *modus operandi* dos países colonizadores, (...) Angola não foge à regra, tendo um sistema ao nível da administração pública e ao nível do ordenamento jurídico semelhante ao de Portugal, as matérias lecionadas, propriamente o Direito Penal, são de extrema utilidade para o nosso futuro profissional, porque há uma panóplia de semelhanças entre muitos aspetos ensinados aqui. Como é obvio, há alguns ajustes que devem ser feitos tendo em conta a nossa realidade cultural e o nosso contexto que é diferente (15.ANG.H.4). (...) o Direito Penal ministrado vai para além das necessidades policiais porque é um Direito que está direcionado para interpretação da norma. (...) muitas vezes cheguei a sentir que estava a frequentar os cursos de Direito e de Ciências Policiais (14.ANG.H.4).

É adequado embora existam algumas particularidades que não se coadunam com a realidade do meu país (40.MZ.H.1). (...) há necessidade de distinguir as semelhanças e diferenças entre a legislação portuguesa e moçambicana no sentido de equilibrar as coisas e aproveitar o que se assemelha à realidade do meu país (36.MZ.F.5).

Apenas dois alunos, naturais de Cabo Verde, entendem que a formação não é adequada pois importa adaptar os conteúdos curriculares às realidades locais e também porque a Polícia de CV tem uma dimensão nacional com competências mais diversificadas do que aquelas que são lecionadas em Portugal. Vejamos:

Não. Porque vejo que na maioria das vezes não é feita uma adaptação do conteúdo lecionado ao trabalho da polícia no dia-a-dia (1.CV.H.4). Não, (...) como no nosso país temos uma polícia que é única para todo o país e que, chegando lá, podemos desempenhar funções em vários ramos que dividem a nossa polícia (3.CV.H.4).

Por outro lado, os informantes ex-alunos entendem que a formação ministrada no ISCPSI, em particular o ensino do Direito Penal, foi adequada às necessidades profissionais nos seus países.

(...) graças ao ISCPSI já discuto com alguma propriedade alguns artigos do Direito Penal português, quer da parte geral quanto da especial, matérias muito similares ao Direito Penal de Angola (01.ANG.H).

Muito adequada. (...). Tem sido sempre necessário recorrer aos conhecimentos adquiridos no Instituto para exercer da melhor forma as minhas funções enquanto Oficial de Polícia, mas com as devidas adaptações à realidade são-tomense (02.ST.H).

Sim, constituiu inegavelmente uma mais-valia. Todo o sistema jurídico são-tomense é inspirado no sistema jurídico português. A principal fonte de direito em São Tomé e Príncipe são os diplomas legais portugueses, daí a importância de aprofundar os conhecimentos na legislação portuguesa (03.ST.H).

Sim, de facto o programa curricular da formação de ISCPSI é bastante rico e diversificado, o que no meu entender, contém os ingredientes necessários para uma formação policial de qualidade (04.ST.H).

Angola

Em Angola grande parte das relações no domínio do Direito da Família são reguladas pelos usos e costumes. Os conflitos de família (*e.g.* separação de casais, incumprimento de obrigações para com as crianças, etc.) são os que mais mobilizam as instâncias comunitárias de resolução de conflitos. Neste contexto de pluralidade jurídica, o acesso ao sistema judicial nas questões da família funciona, na maioria dos casos, como uma segunda instância, acionada quando a resolução dos conflitos, através de mecanismos comunitários não é bem-sucedida[351].

A Constituição da República de Angola consagra que os cônjuges têm iguais direitos e deveres quanto à capacidade civil e política e à manutenção e educação dos filhos. O art. 35º, nº 3 da Constituição prescreve que o homem e a mulher são iguais no seio da família, da sociedade e do Estado, gozam dos mesmos direitos e cabendo-lhes os mesmos deveres. Mas a dou-

[351] Gomes *et al.*, 2012: 235-243.

trina angolana quase nada traz sobre o princípio da igualdade[352]. Por outro lado, o art. 18º, nº 3, da Carta Africana dos Direitos do Povo e do Homem, dá uma maior proteção à mulher e evita que seja discriminada. Mas, na realidade angolana, o princípio da monogamia é encarado de forma tímida. Ancorada na cultura angolana, a poligamia ainda encontra os seus resquícios, principalmente nas zonas rurais[353]. E isso sucede porque não há uma Angola profunda, mas sim muitas, e são dissonantes. Um conglomerado de várias pequenas sociedades civis em concomitância, sem que as una um verdadeiro sistema de vasos comunicantes, para além da formada pelas elites que detêm o poder[354].

A Polícia Nacional de Angola, segundo os informantes, no âmbito da violência doméstica, geralmente atua quando toma conhecimento do facto independentemente da queixa do lesado ou da vítima, em que o agressor está sujeito à detenção para ser apresentado ao Ministério Público. Mas ainda é muito comum e entende-se normal que os polícias sensibilizem a ofendida para repensar a denúncia, porque se trata do seu parceiro e depois esta ficará sem assistência familiar.

O informante ex-aluno angolano entende que a Polícia Nacional tem vindo a melhorar no tratamento das ocorrências de violência doméstica, mormente na sensibilização dos cidadãos, na sinalização e na organização dos processos-crime, devido aos Oficiais de Polícia formados pelo Instituto Superior de Ciências Policiais e Criminais *General Osvaldo Serra Van-Dúnem* (Angola) e no ISCPSI (Portugal). Vejamos:

> Nos últimos tempos, com a nova fornada de oficiais de polícia formados em Angola pelo Instituto Superior de Ciências Policiais e Criminais *General Osvaldo Serra Vandunem*, em Luanda, e no estrangeiro, nomeadamente no ISCPSI, a nossa Polícia Nacional de Angola tem vindo a melhorar no tratamento em termos legais dos factos que consubstanciam crime de VD, seja na sensibilização dos cidadãos, na sinalização e no patrulhamento das zonas críticas, bem como na instrução dos processos relacionados com a VD. Existe de facto uma preocupação e vai-se tornando evidente uma elevação do nível técnico-profissional e pedagógico dos membros da corporação (01.ANG.H).

352 Valeriano, 2019: 22.

353 Valeriano, 2019: 83-84.

354 Guedes *et al.*, 2003: 328-329.

Cabo Verde

Em Cabo Verde, existe uma baixa percentagem de denúncias e uma elevada percentagem de desistência de queixa. O procedimento criminal, por se tratar de um crime público, tem lugar independentemente da queixa, e a Polícia tem a obrigação de comunicar imediatamente ao MP todos os factos que materializem uma ocorrência de VBG. No caso de a vítima apresentar lesões derivadas do crime esta é encaminhada para o hospital. A Polícia tem departamentos específicos para os crimes de VBG, cujos procedimentos previstos são compostos pelas seguintes etapas, desde o acolhimento, o registo da queixa e o encaminhamento até ao armazenamento da informação: 1 – a Polícia recolhe informação, avalia a situação e o tipo de VBG (violência psicológica, patrimonial, assédio sexual, violência sexual ou física de natureza leve ou grave); 2 – caso se trate de violência sexual ou física de natureza grave, é acionado o atendimento médico emergencial/internamento e respetivo relatório médico; 3 – a Polícia elabora o auto de denúncia e o relatório inicial (ADRI); 4 – é aplicado o questionário de avaliação de risco (QuAR); 5 – é avaliada a necessidade de encaminhamento para atendimento especializado e preenche as guias de encaminhamento (GESA); 6 – encaminha a vítima para a rede de serviços de apoio especializado, segundo as necessidades; 7 – encaminha o ADRI e demais documentos para o MP; 8 – regista a informação da ocorrência no sistema informatizado de dados.

O Instituto Cabo-Verdiano para a Igualdade e Equidade do Género é a instituição responsável por realizar estudos da problemática. As mobilizações iniciais para combater a violência baseada no género em Cabo Verde levaram o país, em 2007, a ratificar diversos instrumentos internacionais, como a Convenção para Eliminação de Todas as Formas de Discriminação Contra as Mulheres, a Carta Africana dos Direitos Humanos e dos Povos, a Convenção das Nações Unidas sobre Direitos da Criança e o Protocolo à Carta Africana dos Direitos Humanos e dos Povos relativo aos Direitos da Mulher em África, dentre outros, que rapidamente deram lugar à formulação do Plano Nacional de Combate à Violência Baseada no Género (PNVBG), tendo sido elaborada e aprovada a Lei Especial contra Violência Baseada no Género, Lei 84/VII/11 de 10 de Janeiro, em 2010.

No entanto, segundo os informantes cabo-verdianos, no que se refere à forma como a Polícia responde na prática e em relação aos procedimentos adotados, ainda existem algumas lacunas. Por exemplo, não há normas internas que orientem ou esclareçam os procedimentos que devem ser adotados e a maioria das Esquadras não possui condições para garantir uma resposta célere, especializada e eficaz às vítimas de VBG. Deste modo, é preciso investir na preparação técnica dos profissionais da primeira linha, na criação de melhores condições para o atendimento e assistência, mecanismos de respostas padronizadas ou de unidades especializadas. Contudo, já foram instaladas, em algumas Esquadras policiais do país, Gabinetes de Apoio às vítimas, que permitem um atendimento mais especializado e reservado, com a prestação de um atendimento por agentes capacitados em técnicas de atendimento às vítimas e sensibilizados quanto à matéria, visto que a Polícia Nacional representa, na maioria das vezes, a primeira porta à qual as vítimas recorrem para pedir auxílio. As autoridades policiais, após a receção da denúncia, têm um prazo de 48 horas para comunicar ao Ministério Público todos os factos do crime de VBG de que tomem conhecimento. Assim, neste momento, já existem algumas Esquadras de Polícia que possuem um gabinete de apoio ao crime de VBG, onde é feito um atendimento às vítimas mais especializado. Mas não se encontra prevista uma ficha padronizada para a consequente fase de reavaliações do risco, como sucede em Portugal, com a violência doméstica.

Guiné-Bissau

Na Guiné-Bissau, os procedimentos policiais definidos, segundo os informantes, são os seguintes: aquando da receção da denúncia as partes são ouvidas na Polícia e, depois, encaminhadas para o Tribunal de Família e é elaborado um auto de notícia que é remetido para o MP. Nos casos graves, procede-se à detenção do agressor e dá-se o encaminhamento do processo. Segundo os informantes, no caso de espancamento, a vítima é encaminhada para o hospital e o relatório médico é anexado ao auto de notícia. Se a vítima entender que não se sente segura, na casa que partilha com o agressor, ela é encaminhada para a casa de um familiar. O agressor é detido e encaminhado para prisão preventiva que não pode ultrapassar as 48 horas, contudo as vítimas ainda não dispõem de casas-abrigo. Em termos formais, trata-se de uma matéria criminal muito sensível, cujo processo deve respeitar o princípio da celeridade processual, o que exige uma especial atenção por parte das autoridades durantes o tratamento do caso. Na Polícia de Ordem Pública da GB foi criado um núcleo de apoio à criança e mulheres vítimas da VD, e está subdividido em brigadas de proteção de menores e da violência baseada no género. Neste sentido, os casos de violência doméstica, são tratados nas brigadas criadas para esse efeito e, depois da investigação, os autos de notícia são enviados para o Tribunal de Família. Importa ainda salientar que os casos de VD, que envolvem crianças ou cuja vítima se trata de um menor, são tratados com base na Convenção das Nações Unidas sobre os Direitos da Criança.

Moçambique

A Polícia da República de Moçambique, em termos processuais, regista a ocorrência de violência doméstica, que tem um caráter urgente e remete o processo para o titular da ação penal (MP). A Polícia adota procedimentos baseados na prevenção e sensibilização, dinamizando palestras para a população com vista a combater a VD. A VD é tratada pela Polícia no Gabinete de Atendimento à Mulher e Criança Vítima de Violência, com profissionais munidos de formação especializada. Contudo, em algumas áreas mais recônditas do país, a VD é resolvida de um modo informal, onde os casais resolvem os litígios forma pacífica, junto das suas famílias, e as vítimas acabam por perdoar sem denunciar aos órgãos competentes, temendo as represálias e os divórcios que possam advir da denúncia. Nos arts. 3º e 11º, al. e), da Constituição da República de Moçambique, estão consagrados alguns princípios fundamentais do Estado moçambicano, como o respeito e a garantia dos direitos e liberdades fundamentais do Homem; a defesa e a promoção dos direitos humanos e da igualdade dos cidadãos perante a lei e, como direito fundamental, a igualdade de género; e, no art. 36º da Constituição, está plasmado a igualdade do homem e da mulher perante a lei, em todos os domínios da vida política, económica, social e cultural. Todavia, o Direito Penal material e formal revela uma maior preocupação com o crime e com o seu agente, negligenciando quem mais necessita de assistência e apoio: a vítima. A violência doméstica encontra-se tipificada no art. 245º e ss. do Código Penal moçambicano e na Lei nº 29/2009, de 29 de setembro (Lei sobre a Violência Doméstica praticada contra a Mulher), que tem como objeto: prevenir, sancionar os infratores e prestar as mulheres vítimas de VD a necessária proteção, garantir para além de visar proteger a integridade física, moral, psicológica, patrimonial e sexual da mulher, contra qualquer forma de violência exercida pelo seu cônjuge, ex-cônjuge, parceiro, ex-parceiro, namorado, ex-namorado e familiares. Contudo, as respostas de apoio às vítimas continuam deficitárias (*e.g.* ainda não existem casas-abrigo).

São Tomé e Príncipe

A Polícia Nacional de São Tomé e Príncipe, quando toma conhecimento da prática de um crime de violência doméstica, está obrigada a identificar o agressor e a vítima, proceder à detenção do infrator e apresenta-lo ao MP no mais curto prazo possível, de acordo com a lei em vigor. Nesse sentido, adota ainda todas as medidas necessárias para garantir a recolha de elementos probatórios da verificação da prática do crime. Acresce que, segundo os informantes, este crime ocorre com muita frequência e, por isso, existe um gabinete especializado para a resolução dos casos de violência doméstica em todos os comandos distritais da Polícia Nacional.

Em São Tomé e Príncipe, segundo os ex-alunos, tem havido uma maior consciencialização a nível interno sobre a importância de prevenção e combate ao crime de VD, fruto de uma sinergia entre instituições públicas, privadas e a sociedade civil. A Polícia Nacional de STP e a Polícia Judiciária têm procurado melhorar os seus métodos de atuação para saber lidar com este tipo legal de crime, existindo, um Centro de Aconselhamento contra a VD, para onde a Polícia encaminha os casos supostamente menos urgentes e, nos casos mais graves, procede-se a detenção do suspeito, elabora-se o correspondente auto e o arguido é presente junto do MP.

> (...) tem havido uma maior consciencialização a nível interno sobre a importância de prevenção e combate contra o crime de VD, fruto de uma sinergia entre instituições públicas, privadas e a sociedade civil. Neste sentido, a PNSTP e a Polícia Judiciária têm procurado melhorar os seus métodos de atuação para saber lidar com situações do género que requerem uma sensibilidade maior por parte dos profissionais (02.ST.H).

> Existe um Centro de Aconselhamento Contra a Violência Doméstica. Nos casos mais simples, a Polícia encaminha para aquele centro, nos casos mais graves, procede-se a detenção do infrator, elabora-se o respetivo auto e é encaminhado paro o Ministério Público (03.ST.H).

Propostas de alteração à formação ministrada em Portugal

Rui Pereira entende que é sempre útil procurar saber quais são as práticas policiais e judiciais nos diversos países, embora um ensino que integre alunos maioritariamente portugueses e alunos de diversas (outras) proveniências no universo lusófono não consiga focar em pormenor a realidade dos países da CPLP[355]. Nessa medida, os alunos cooperantes propõem um conjunto de alterações ao CFOP que se centram nas seguintes dimensões: o local de estágio no 5º ano curricular; as medidas de mitigação da taxa de reprovação; a necessidade de adequar os conteúdos do curso às realidades dos países de origem numa lógica de estudo comparado; e a possibilidade de um regime de co-docência em algumas unidades curriculares, por parte de professores provenientes dos PALOP, para permitir uma melhor articulação com as realidades jurídicas, policiais e socioculturais locais.

Atualmente, o 5º ano curricular do CFOP é composto por um estágio prático nas unidades policiais portuguesas e pela elaboração e discussão pública de uma dissertação de mestrado, cujo objeto de estudo costuma estar relacionado com as forças de segurança dos PALOP, opção seguida pela maioria dos finalistas cooperantes. Nessa medida, os informantes entendem que seria muito vantajoso que o período de estágio no 5º ano ocorresse, total ou parcialmente, no país de origem, atendendo que a maioria dos temas das dissertações de mestrado (e a prévia recolha de dados), assim como o futuro mandato, estão relacionados com as suas realidades locais. A orientação das dissertações também podia ser realizada num regime de coorientação, por um professor doutor em funções no ISCPSI e um orientador que tivesse acompanhado o percurso do aluno no local de estágio, *in casu*, no país africano. Esta opção iria permitir que a transição, da realidade policial europeia para o contexto policial africano, ocorresse de forma mais gradual e sustentada.

Na verdade, os atuais alunos finalistas provenientes dos PALOP, vivem cinco a seis anos no ISCPSI, a estudar a legislação, a doutrina, a jurisprudência e a técnica policial portuguesa, materializando um estudo (relativamente) distanciado das suas realidades. Mais tarde, quando um novo Oficial regressa ao seu país, tem de desenvolver um esforço acrescido de adaptação ao quadro legal e aos procedimentos policiais que, nos últimos cinco anos, foram alterados. Por isso, os informantes entendem que esta transição poderá acontecer de uma forma mais paulatina, se o último ano

[355] Rui Pereira entende que o ensino dirigido a alunos oriundos dos PALOP é enriquecedor para esses discentes, para os seus países e também para Portugal, correspondendo a um verdadeiro desígnio estratégico no âmbito da CPLP (resposta ao Inquérito 2021, Apêndice C).

curricular ocorresse no país de origem. Acresce que esta opção iria permitir uma recolha dos dados mais adequada no âmbito do desenvolvimento das dissertações de mestrado, cujos temas, em regra, estão relacionados com as realidades locais. Vejamos:

> A fase do estágio prático no ano dos Aspirantes devia ocorrer no país de origem, de forma a pôr em prática os conhecimentos adquiridos (21.ST.F.5).
>
> Os cooperantes deviam realizar os estágios nos países de origem (6.CV.H.4).
>
> O estágio final podia ser no País de origem (13.MZ.H.4).
>
> (...) os aspirantes a oficial da Polícia pudessem estagiar nos seus países de origem como forma de adequar os estudos tidos por quatro anos e aplica-los na realidade do seu país de origem (31.MZ.H.5).
>
> (...) o estágio no 5º ano devia ocorrer nos nossos países com os oficiais que saíram do ISCPSI, em vez de ser aqui, seria uma mais-valia para as nossas Polícias e também ficávamos mais bem preparados para desempenhar as nossas funções (3.CV.H.4).
>
> (...) no estágio final do curso os alunos cooperantes deviam ter a oportunidade de estagiar nos seus países visto que é lá onde vão trabalhar e sairiam a ganhar se começassem a confrontar-se com a sua realidade ainda na fase de estágio e assim medirem o grau de dificuldade na aplicação dos conhecimentos adquiridos (...). Para além de facilitar a realização de estudos de campo, como procedimento escolhido para a elaboração das suas dissertações e garantir maior fiabilidade dos resultados (34.MZ.F.3).
>
> (...) a fase prática do estágio do 5º ano seja feita nos respetivos países dos alunos cooperantes. (...) uma oportunidade para os alunos cooperantes terem a possibilidade de estagiar e familiarizarem com a realidade que será o futuro profissional (42.CV.H.5).

Na perspetiva dos informantes, importa desenvolver uma política concertada no sentido de apoiar os alunos com mais dificuldades nos primeiros anos do curso, por forma a impedir a taxa de reprovação, sobretudo nos últimos anos. Nessa linha de pensamento, entendem que é fundamental permitir que os alunos possam reprovar uma ou duas UC por ano, sem repetir todo o ano letivo, podendo frequentar essas disciplinas em acumulação com a carga letiva do ano curricular seguinte, com base em regras a definir, à semelhança do que ocorre na maioria dos cursos superiores. Acresce que a metodologia dos docentes deve ter em consideração as dificuldades dos alunos cooperantes, devendo existir um maior investimento na formação em português, informática e matemática antes do início do curso. Eis alguns testemunhos elucidativos:

> (...) na minha opinião seria uma mais valia a implementação de um ano preparatório (16.ANG.F.3).
>
> (...) podia-se adotar o ano zero para os cooperantes dos países que têm currículo escolar com algumas diferenças com o de Portugal, de modo a dar tempo de estes adaptarem e se enquadrarem para além de estarem psicologicamente preparados a fazer o curso em 6 anos (34.MZ.F.3).
>
> (...) um período de adaptação dos alunos ao português, nomeadamente a comunicação (5.CV.H.3).
>
> (...) no primeiro ano sentíamos muitas dificuldades no que diz respeito a questão da língua (9.GB.H.1).
>
> A principal dificuldade dos alunos cooperantes está relacionada com o sistema de ensino de onde estes provêm e o facto de crescerem numa realidade onde a língua portuguesa nem sempre é a língua mais falada no seio familiar por vezes sujeito às influências de outras línguas e o facto de ficarem muito tempo fora do sistema de ensino. (...) seria relevante trabalhar mais a interpretação dos textos porque grande parte da formação está ligada com o lado jurídico e exige muita capacidade de interpretação (14.ANG.H.4).
>
> Acho injusta a reprovação de cadetes cooperantes nos últimos anos do curso, é desumano ficar por muitos anos cá e voltar a casa com as mãos vazias. É uma vida, um sonho e famílias destruídas (30.MZ.H.5).
>
> (...) a introdução das disciplinas da Língua Portuguesa, Matemática e Informática, de forma intensiva, dois meses antes do início do Curso para os novos ingressos dos PALOP. Gostaria de propor também que numa das fases do estágio do último ano do curso nos seja concedido autorização para fazê-lo nos nossos países porque o que escrevemos é sempre sobre os nossos países e estando no terreno permite-nos melhor recolha de informações, especialmente no estudo de campo (11.GB.F.5).
>
> (...) quando nos despedimos das nossas famílias nasce a esperança que para além de ver um sonho realizado, vemos de igual modo um dado adquirido para o bem comum. E no meio da caminhada, torna-se triste ver meus compatrio-

> tas a voltarem sem o curso realizado, carregando lágrimas de dor por ver parte de seu futuro destruído. (...). As qualidades para ser um melhor profissional notam-se logo no início do percurso académico e neste contexto, sou da opinião que se um formando não reunir as qualidades exigidas como estudante ou como profissional no futuro, as medidas eliminatórias devem ser tomadas logo no início do percurso académico (35.MZ.H.4).
>
> (...) A não reprovação integral do ano letivo, podendo por exemplo ser feita a frequência de uma unidade curricular do primeiro semestre, no segundo semestre, e se for uma UC do segundo semestre, o aluno transitar para ano seguinte a dever, podendo-se aprovar um novo método como, por exemplo, o estudo à distância no ano seguinte da(s) mesma(s) UC, não colocando em causa todo o ano letivo (39.MZ.H.2).

Outra proposta apresentada pelos informantes diz respeito aos conteúdos ministrados durante os cinco anos curriculares que deviam ser complementados, sempre que possível, com conhecimentos relacionados com o contexto africano. Por exemplo, aquando do estudo do crime de violência doméstica em Portugal, devia-se desenvolver um esforço para suscitar, nos alunos cooperantes, o desejo de expor e analisar criticamente as suas realidades históricas, sociais, jurídicas e policiais, enriquecendo a discussão sobre o tema em debate. Vejamos:

> (...) permitir aos alunos cooperantes estudar a realidade dos seus países. Por exemplo, quando os professores pedem para fazer um trabalho, devia ser dada a opção para os alunos cooperantes fazerem o trabalho, mas na perspetiva dos seus países. Onde podiam fazer estudos comparativos (47.CV.H.5).
>
> Proponho que os docentes estimulem na realização de trabalhos de grupos e/ou individuais relacionados com a legislação do país de origem do aluno, a cultura do aluno, bem como trabalhos acerca dos procedimentos policiais em vários cenários do país de origem do aluno. Logo, verificar as diferenças e semelhanças com a legislação portuguesa, para que o aluno perceba as duas realidades (48.CV.F.5).
>
> (...) deviam ser estudados os regimes jurídicos de cada país irmão PALOP (22.ST.H.4).
>
> (...) deviam existir algumas disciplinas que incluíssem conteúdos sobre os países cooperantes (36.MZ.F.5).

Por fim, os ex-alunos concordam que é fundamental permitir a realização do estágio final, no 5º ano curricular, nos respetivos países para uma maior aproximação à realidade organizacional, jurídico-constitucional, penal e cultural, a par de um reforço na formação de português, tecnologias da informação, metodologia e a preparação para missões internacionais. Vejamos:

> (...) gostaria que fosse lecionada a cadeira de português nos três primeiros anos. (...) a unidade curricular de Metodologia da Investigação Científica devia ser anual pois o método é o alicerce na investigação científica, logo merece tempo e espaço (01.ANG.H).

> (...) penso que seria muito interessante e enriquecedor se os Aspirantes (que estão no último ano) pudessem estagiar nos seus respetivos países como forma de, ainda na fase de vida académica, ter um maior contacto com a sua realidade (02.ST.H).

> (...) o ISCPSI deve dar uma atenção especial às novas tecnologias de informação no sentido de proporcionar cursos de pós-graduação, mestrados e doutoramento no formato e-learning para que os ex-estudantes tenham possibilidade de frequentar os cursos sem deslocarem a Portugal. Igualmente penso que os cursos deviam preparar os oficiais de polícia para um cenário de missões internacionais (04.ST.H).

Conclusão

A natureza prática do ciclo de estudos jurídicos, em que se encontra inserida a presente investigação, conduziu-nos a um objeto de análise relevante no quadro da prática jurídico-penal, contribuindo, desse modo, para o avanço do conhecimento relativamente ao diálogo entre o Direito Penal e o ensino superior policial, num contexto multicultural, em Portugal. No entanto, não se trata de um relatório sociológico sobre o ensino de Direito Penal num estabelecimento de ensino superior policial, mas antes *olhar diferenciado* em busca de uma resposta à questão de saber, em síntese, se os critérios de um Estado de Direito democrático podem ser adaptados a uma realidade multicultural. Nessa senda, definimos um plano de trabalho que permitiu perceber se o ensino do Direito Penal, na formação universitária dos oficiais das diversas Polícias dos PALOP, corresponde às necessidades da prática jurídico-penal nos seus países, à luz dos quadros constitucionais, legais e socioculturais locais, e a metodologia do ensino jurídico-penal.

Para esse efeito, desenvolvemos uma investigação à luz do estudo de caso da violência doméstica, tipo legal transversal a todas as sociedades e que apresenta uma evolução e uma visão diferenciada em função de cada contexto histórico, legal e cultural, o que permitiu analisar as (dis)funções nas práticas policiais, fruto da (des)sintonia entre a velocidade do Direito e a velocidade das representações sociais; tendo sido exploradas diversas questões derivadas, como a legitimidade de um país para influenciar outras culturas; o ensino policial em contextos multiculturais; a influência do ensino português e as exigências constitucionais, na área do Direito Penal e dos Direitos Humanos, na função da Polícia nas sociedades africanas; o conceito de *legal transplants*; o diálogo entre a Sociologia e o Direito Penal para um ensino mais ajustado às realidades culturais dos alunos africanos, *in casu*, de língua oficial portuguesa; o cosmopolitismo *versus* multiculturalismo; e o crime e a tolerância multicultural.

O objeto de estudo parece-nos cientificamente relevante, no âmbito das preocupações do Direito Penal, mas também no domínio do ensino superior policial, sobretudo quando pensamos na metodologia do ensino jurídico dirigido a futuros dirigentes das Polícias Africanas. Nessa linha de pensamento, entendemos fundamental aprofundar os conceitos de verdade e de efeito *rashomon*, fatalidade que também persegue os aplicadores do Direito Penal, quando são confrontados com versões diferentes e contraditórias sobre o mesmo objeto. Daqui advém que em ciência não há verdade absoluta, pois existe um grau de incerteza em todas as observações. O ideal será, como vimos no decurso do presente estudo, triangular a informação e as fontes, e cruzar a visão dos informantes com o ponto de vista dos investigadores. O que interessa, na verdade, é saber porque é que há versões contraditórias, e não qual é a verdade absoluta. À luz deste universo de ideias mergulhámos no universo da epistemologia do Direito, descodificando o modo de ensinar o Direito, em particular o Direito Penal, às futuras elites administrativas das Polícias dos PALOP. Importa, por isso, buscar um equilíbrio entre uma exposição derivada do pensamento teórico e a abordagem das questões imediatas e atuais sobre o sistema penal, centrando-se na definição dos problemas fundamentais do Direito Penal enquanto disciplina jurídica, um ensino dialético e uma teoria da *praxis*. É necessário, como defende Maria Fernanda Palma, que os estudantes se tornem membros de uma comunidade científica, com sentido crítico e ético, e com coragem de buscar a verdade[356], sem cederem, nem mesmo de forma moderada, ao multiculturalismo. Na verdade, na linha de pensamento de Rui Pereira, quanto mais difícil se revelar a observância do princípio da essencial dignidade da pessoa humana e a aplicação dos seus corolários de universalidade e igualdade, mais necessária terá sido a sua aprendizagem e assimilação, para contrariar práticas violadoras dos direitos humanos, porque o respeito por esses direitos também se ensina[357].

[356] Palma, 2019b.

[357] Inquérito 2021 (Apêndice C).

Este enquadramento – e os desafios associados – levou-nos a uma reflexão inicial sobre questões mais amplas de natureza metodológica, como as fontes do conhecimento e a verdade, a metodologia do ensino do Direito Penal, o multiculturalismo e o cosmopolitismo; os obstáculos epistemológicos e o efeito *rashomon* na prática jurídico-penal; seguindo-se uma incursão à violência doméstica e o ensino policial em contexto multicultural; as relações entre a Polícia, a lei e as representações sociais; a violência doméstica e o ensino superior policial em Portugal e nos PALOP; e a integração dos alunos africanos no ensino português; culminando numa abordagem ao lugar do Direito Penal no ensino superior policial; e o ensino da violência doméstica e a prática jurídico-penal nos países africanos.

Pelo exposto, após a revisão da literatura, uma análise documental (*maxime* das fichas das unidades curriculares de Direito Penal, no período entre 1984 e 2021)[358] e a análise dos testemunhos dos 55 informantes africanos (50 alunos, quatro ex-alunos e um professor do ISCPSI), concluímos que o ensino superior policial português cumpre os seus objetivos, no domínio da demarcação da matriz europeia em matéria dos princípios do Direito Penal e dos Direitos Humanos. Esse objetivo, que é definido *a priori* para os alunos portugueses, também é assimilado pelos alunos cooperantes, com uma evidente maior facilidade por parte dos discentes cabo-verdianos devido a especificidades históricas e culturais, após um processo de cinco anos letivos em regime de internato. Contudo, entendemos que o ensino do Direito Penal, na formação universitária dos futuros oficiais das Polícias dos PALOP, não corresponde totalmente às necessidades da prática jurídico-penal nos seus países, pois urge ter em consideração os diversos quadros legais, assim como um olhar sociológico face às realidades culturais. É verdade que a maioria dos alunos (exceto os informantes naturais de Angola) entende que a formação ministrada no ISCPSI, em particular na área da Direito Penal, é adequada às necessidades profissionais nos seus países, atendendo que os ordenamentos jurídicos são muito semelhantes.

No entanto, quando analisamos os dados recolhidos com maior minúcia, verificamos que, excluindo os alunos cabo-verdianos, os alunos dos outros PALOP demonstram diversos desajustamentos. Em síntese, os alu-

[358] Apêndice D.

nos guineenses apresentaram uma visão pouco consensual: 56% da amostra entende que não vão existir dificuldades e que não se vão verificar dificuldades, porque o importante é adaptar as práticas apreendidas à realidade, pois a legislação guineense é baseada no sistema português, nomeadamente no Direito Penal e nos Direitos Humanos. Por outro lado, 44% da amostra entende que vão existir dificuldades por causa da realidade, que é diferente, surgindo algumas resistências por causa dos usos e costumes. Os alunos santomenses entendem que a formação jurídica ministrada em Portugal é adequada, mas algumas matérias são desajustadas, pois importa colocar um maior enfoque na realidade africana. Os alunos moçambicanos partilham da mesma visão, mas entendem que devia existir mais espaço para o diálogo na formação, dada a diferença de contextos sociais e jurídicos, que vão obrigar um esforço de adaptação à realidade local. Por fim, os alunos angolanos surgem com um posicionamento mais radical, pois entendem que o ordenamento jurídico europeu é muito desajustado porque, grande parte do conhecimento adquirido, não é aplicável na realidade de Angola, por se tratar de um povo com crenças e perspetivas de vida muito diferentes. Por outro lado, os ex-alunos realçam a importância de um corpo docente que possa integrar professores convidados naturais dos países cooperantes que possam abordar as realidades locais. Um dos informantes entende que o problema reside nos legisladores que não adaptam a lei à realidade sociocultural, limitando-se a fazer *copy-paste* do modelo europeu.

A nossa conclusão também decorre das propostas de mudança apresentadas pelos informantes, que são elucidativas da necessidade de repensar um curso em contexto multicultural, apesar de reconhecermos que a sua implementação não é fácil. Vimos que os alunos cooperantes propõem um conjunto de alterações que se centram nas seguintes ordens de ideias: a) o local de estágio no 5º ano curricular; b) algumas medidas de mitigação da taxa de reprovação; c) e a necessidade de adequar os conteúdos do curso às realidades dos países de origem, numa lógica de estudo comparado. Segundo os informantes, o período de estágio no 5º ano, total ou parcialmente, devia ocorrer no país de origem, atendendo que a maioria dos temas das dissertações de mestrado e a recolha de dados, assim como o futuro mandato, estão relacionados com os países cooperantes. Para além disso, importa desenvolver uma política concertada no sentido de apoiar os alunos com mais dificuldades nos primeiros anos do curso para impedir a taxa de reprovação. Uma das medidas viáveis seria a possibilidade de permitir que os alunos pudessem reprovar uma ou duas unidades curriculares, sem repetir o ano letivo, podendo frequentar essas disciplinas no ano seguinte, cumulativamente. Acresce que a metodologia dos docentes devia ter em consideração as dificuldades dos alunos cooperantes; devia-se investir na formação em português, informática e matemática antes do início do curso; e os conteúdos ministrados durante os cinco anos curriculares deviam ser complementados com conteúdos relativos aos PALOP, desafio que obrigaria um esforço acrescido por parte dos docentes que tinham de investir no aperfeiçoamento e estudo dos quadros legais e os procedimentos policiais dos países africanos cooperantes. Os ex-alunos também concordaram que é importante que se permita a realização do estágio final, no 5º ano curricular, nos respetivos países para uma maior aproximação à realidade; a par de um reforço na formação de português, tecnologias da informação e metodologia científica.

O presente estudo demonstrou também que, na implementação de cursos superiores desta natureza (multicultural e policial), é fundamental o diálogo integrado e complementar entre juristas e sociólogos, para uma melhor compreensão das idiossincrasias[359]. A definição dos objetivos das unidades curriculares e dos princípios norteadores, *in casu* de Direito Penal, deve ter em consideração a prática policial à luz das diversas culturas. Mas esse diálogo deve ser desenvolvido de forma cuidada, cautelosa e objetiva, para que o ensino não seja perturbado pela "sociedade espetáculo", à qual se opõe, nas palavras de Maria Fernanda Palma, a Universidade, garante da crítica, da dúvida e das luzes, na análise e desconstrução do espetáculo, pois é necessário que os estudantes se tornem membros de uma comunidade científica, metodicamente crítica e com coragem de buscar a verdade[360], aspetos essenciais num curso com as características do ciclo de estudos em Ciências Policiais.

O estudante das leis deve possuir a competência técnica e a idoneidade nos propósitos, a probidade e a discrição de conduta, e a independência[361]. Nas Escolas em que se ensina Direito, sobretudo Direito Penal, é necessário firmar os princípios em que este se funda e deduzir deles as legíti-

[359] Guibentif, 2007: 194; Alves, 2019: 207.

[360] Palma, 2019b: 602.

[361] Azevedo, 2002.

mas consequências, para justificar os preceitos e ordenar os factos, porque permite a aplicação das leis aos factos[362]. Mas, para que isso aconteça, a hermenêutica intercultural deve ser desenvolvida sem cedências ao multiculturalismo, compreendendo que há factos e valores que não são universalizáveis, mas que existe um ponto fixo, um eixo da roda intransponível, *maxime* o respeito pela dignidade da pessoa humana; assente num ensino despido de preconceitos de género e discriminatórios, e que não tolera um determinado grau de violação dos direitos humanos face às especificidades culturais. Em suma, não se pode admitir qualquer forma de tolerância multicultural perante o crime, *in casu*, a violência doméstica. O que significa que os critérios de um Estado de Direito democrático não podem, por isso, ser adaptados a uma realidade multicultural, em questões que ofendem a dignidade humana; e o ensino jurídico deve representar uma projeção convicta desse ideal. Os testemunhos dos diversos informantes, em particular os alunos, apresentaram-se como elementos essenciais para apoiar esta reflexão, *maxime* pela riqueza e diversidade de visões, experiências e recomendações esclarecidas de ação, desde logo porque a maioria dos 50 discentes inquiridos apresenta experiência profissional anterior, ou seja, estão munidos de um quadro comparativo entre as práticas policiais nos seus países de origem e os princípios que são estudados em Portugal.

É certo que, como já referimos, defendemos uma definição dos objetivos da unidade curricular de Direito Penal, que tenha em consideração a prática policial à luz das diversas culturas. Mas as especificidades culturais não podem *beliscar* os princípios jurídico-constitucionais atualmente em vigor nos PALOP e, por essa via, o Estado de Direito democrático. As exigências constitucionais devem ser respeitadas em todo o território nacional, progressivamente, através da educação e sensibilização, processo de mudança onde os oficiais de polícia desempenham um papel fundamental, pois lideram milhares de pessoas que, diariamente, aplicam a lei. Importa, assim, que sejam respeitadas as especificidades culturais, desde que estas não ponham em causa a Constituição e os direitos humanos. É neste ponto que o ensino policial se deve focar: a consciencialização de uma visão consolidada e unitária relativamente aos princípios que devem nortear toda a conduta policial, sobretudo no que se refere à apli-

[362] Almeida Júnior, 2006: 224.

cação do Direito Penal. É verdade que não é fácil entender as exigências do Estado de Direito perante os costumes e as tradições que, por vezes, dificilmente se coadunam. Mas cabe ao Direito representar um motor de mudança através de novas mentalidades e práticas, porque o respeito pelos direitos humanos também se ensina[363]. E Portugal é um bom exemplo de um esforço que pode dar os seus *frutos*: apesar da matriz formativa que tem por base a Declaração Universal dos Direitos Humanos (1948) e a Convenção Europeia dos Direitos Humanos e os seus Protocolos[364], ainda existe um longo caminho a percorrer na desconstrução de estereótipos e preconceitos de género que ainda potenciam as desigualdades e a violência doméstica. Mas o caminho percorrido em Portugal, em particular desde os fins dos anos 90 do século XX, é objetivamente positivo quando se pensa nos diversos avanços ocorridos no campo legal, social, educacional e intrafamiliar.

O programa da unidade curricular de Direito Penal deve, por isso, espelhar esse imperativo e limites. Para esse efeito, importa que o programa preveja uma abordagem às dificuldades de aplicação do Direito, em particular o Direito Constitucional Penal[365], aquando da função policial, *i.e.*, a vinculação das normas penais à axiologia constitucional democrática em contextos cujas culturas põem em causa a dignidade da pessoa humana. Para esse efeito, em termos metodológicos, entendemos que deve ser equacionada a possibilidade de implementação de um regime de co-docência, com um professor proveniente dos PALOP, eventualmente com uma participação mais reduzida em termos de carga horária, mas que possa partilhar os constrangimentos existentes no esforço de coadunar as exigências do Estado de Direito aos costumes e as tradições das realidades locais. Contudo, a mensagem angular, que deve ser ensinada e interiorizada pelos alunos, é que existe um ponto fixo que é intransponível e que a função policial deve salvaguardar a dignidade da pessoa humana, independentemente do contexto sociocultural. Os oficiais formados em Portugal têm representado um motor de mudança organizacional nas diversas Polícias africanas. Destaca-se, entre muitas outras personalidades, a atual ministra do

363 Cf. Rui Pereira, *in* Inquérito 2021 (Apêndice C).

364 Adotada em Roma, no dia 4 de novembro de 1950, entrando em vigor na ordem internacional em 3 de setembro de 1953.

365 Para um maior aprofundamento sobre os limites impostos pela Constituição ao Direito Penal a partir da dialética entre a Democracia e a Constituição *vide* Palma, 2011.

Interior da República de Moçambique, ex-aluna do ISCPSI, que desempenha funções relevantes e poderá contribuir para a mudança de mentalidades. Os ex-alunos podem contribuir, gradualmente, para o reforço dos direitos, liberdades e garantias pessoais, nos seus países, por forma a garantir o respeito pela vida humana, a integridade pessoal, a igualdade, o direito à liberdade e à segurança, e a liberdade de consciência, religiosa e de culto. Contudo, não podem, nos seus contextos profissionais, vacilar no cumprimento do espírito da lei constitucional e ordinária, e devem, em paralelo, representar um motor de transformação e sensibilização junto de todos os polícias com quem trabalham e das comunidades em que interagem.

Importa ainda elencar os principais constrangimentos da presente investigação: em lugar de destaque, referimos o quadro pandémico, que limitou as deslocações, o contacto com alguns informantes e o acesso pleno a algumas universidades e bibliotecas. Por outro lado, se é verdade que a adesão dos alunos africanos foi muito positiva, com uma taxa de retorno de 96% (50 alunos num universo de 52), o mesmo não se pode afirmar em relação a alguns informantes externos, em particular de Cabo Verde, Guiné-Bissau e Moçambique que, quando contactados, não demonstraram disponibilidade para colaborar no presente estudo, ou, em alguns casos, exteriorizaram um sinal inicial positivo, mas não enviaram as suas respostas, apesar das diversas insistências que se encontram documentadas. Esta indisponibilidade é justificada e encarada como normal, no nosso entendimento, devido ao quadro pandémico que limitou a predisposição anímica e psicológica da generalidade das pessoas[366].

Por fim, entendemos essencial apresentar algumas sugestões em matéria de futuras linhas de investigação. Assim, julgamos que seria cientificamente relevante triangular a dimensão do pluralismo jurídico-penal, com a atividade policial e o recurso a armas de fogo contra pessoas, através de uma abordagem criminológica à teoria da discricionariedade nos PALOP, convocando novamente os alunos cooperantes que estudam na Europa, num contexto sanitário mais favorável, alargando a amostra de informantes privilegiados externos, com o desenvolvimento de trabalho de campo num dos países cooperantes. Deste modo, seria mais uma abordagem ao ensino jurídico-penal e policial europeu e o seu impacto no mandato das diver-

[366] Paulino e Varandas, 2020.

sas forças e serviços de segurança africanas, mas com uma análise mais aprofundada, que permitisse o envolvimento de mais atores da sociedade policial, militar, religiosa e civil dos países africanos. Uma segunda sugestão, e que entendemos relevante cientificamente, diz respeito às questões de género no exercício da liderança policial feminina, com relevância na prática jurídico-penal em África. Em síntese: os constrangimentos, a relevância, as vantagens, ameaças e oportunidades das mulheres africanas em funções de direção e comando, com um *olhar* direcionado para a prática policial e jurídico-penal, nas Polícias dos PALOP.

REFERÊNCIAS

ABBOT, E. V. – Some actual problems of professional ethics. *Harvard Law Review*, v. 15, 1902.

ABBOTT, L. – The ethics of the legal profession. *Columbia Law Times*, v. 6, nº 1, 1892.

ABRAMSON, Kara – Art for a Better Life: A New Image of American Legal Education. *BYU Educ. & L.J.* 227-293, 2006.

ALBARELLO, Luc *et al* – *Práticas e Métodos de Investigação em Ciências Sociais*. Lisboa: Gradiva, 1997.

ALMEIDA, Fernando – *1984/1999, 15 anos ao serviço de Portugal*. Lisboa: Escola Superior de Polícia, 1999.

ALMEIDA, João Ferreira e PINTO, José Madureira – *A investigação nas ciências sociais*. Lisboa: Presença, 1976.

ALMEIDA, Maria Isaura e PINHO, Pedro – Desenvolvimento de Competências de Liderança: um Projeto Educativo na Formação dos Oficiais de Polícia. *Politeia: Revista Portuguesa de Ciências Policiais*, XVII, 61-77. Lisboa: ICPOL, 2020.

ALMEIDA JÚNIOR, João Mendes de – O ensino do direito (1914). *Revista Direito GV*, São Paulo, v. 2, nº 2, 205--224, jul./dez. 2006.

ALVES, Sílvia – *Lições preliminares de Sociologia do Direito*. Lisboa: AAFDL, 2019.

ASCENSÃO, Oliveira – *O Direito: Introdução e Teoria Geral*, 7ª edição. Coimbra: Almedina, 1993.

ASHFORD, Chris – Law teaching and the coronavirus pandemic. *The Law Teacher*, 54(2), 167-168. Association of Law Teachers, 2020.

AYAVIRI, Félix Huanca – La jurisprudencia no es ciencia. In *Revista Ciencia y Cultura*, (1), 134-145, 1997.

AZEVEDO, Luiz Carlos de – O jurista do terceiro milénio. Aula inaugural dos cursos jurídicos de 2002. *Revista da Faculdade de Direito*. São Paulo: FDUSP, 2002.

AZEVEDO, Plauto Faraco – Considerações teórico-práticas sobre o ensino jurídico. *Revista Opinião Jurídica*, 8, 201--210, 2006.

BACHELARD, Gaston – *A epistemologia*. Lisboa: edições 70, 2001.

BALL, Matthew – Foucault goes to law school: using Foucault to examine Australian legal education. *APO*. Hawke Research Institute (UniSA), 2009.

BARBOSA, Henrique Bonatti R. – *O ensino do direito no Brasil e em Portugal e seus desdobramentos: uma análise comparada do cenário contemporâneo*. Dissertação de Mestrado em Direito e Ciência Jurídica. Lisboa: FDUL, 2018.

Bardin, Laurence – *Análise de Conteúdo*. Lisboa: edições 70, 2000.

Bauman, Zygmunt – *Liquid Modernity*. Cambridge: Zahar, 2000.

Beck, Ulrich – The Cosmopolitan Society and Its Enemies. *Theory, Culture & Society*. 2002;19 (1-2), 17-44. doi:10.1177/026327640201900101

Beck, Ulrich – Cosmopolitan Sociology: outline of a Paradigm Shift, in Rovisco, Maria e Nowicka, Magdalena (ed.) – *The Ashgate Research Companion to Cosmopolitanism*. Reino Unido: Routledge, 2011.

Beck, Ulrich – *Sociedade de Risco Mundial – Em Busca da Segurança Perdida*, reimpressão 2021 da 1ª edição. Edições 70, 2015.

Becker, Howard S. – *Outsiders. Studies in the sociology of deviance*. New York: The Free Press, 1963.

Bedê, Fayga Silveira – O papel das disciplinas propedêuticas no ensino jurídico: desafios e perspetivas – Entrevista com Roberto Fragale Filho, pp. 265-268. *Revista Opinião Jurídica*, nº 10. Ceará: Unichristus, 2008.

Beleza, Teresa Pizarro; Caeiro, Pedro; Pinto, Frederico Costa (Org) – *Multiculturalismo e Direito Penal*, I Encontro Nova-Direito, Lisboa 2012. Coimbra: Almedina, 2020.

Bell, Judith – *Como realizar um projeto de investigação*. 2ª edição. Lisboa: Gradiva, 2002.

Blanché, Robert – *A Epistemologia*. Lisboa: Editorial Presença, 1983.

Blom, Joost – Introduction: Looking Ahead in Canadian Law School Education, 33. *UBC L Rev* 7. The Peter A. Allard School of Law: U. of British Columbia, 1999.

Bowman, Gregory W. – The Comparative and Absolute Advantages of Junior Law Faculty: Implications for Teaching and the Future of American Law Schools, 2008 *BYU Educ. & L.J.*, 171, 2008.

Bone, Alison – The twenty-first century law student. *The Law Teacher*, 43(3), 222-245, 2009.

Boothe-Perry, Nicola A. – The New Normal for Educating Lawyer. *Brigham Young University Journal of Public Law*, 31, 53-82, 2016.

Borges, João Vieira – *Manual de Liderança Militar*. Lisboa: Academia Militar, 2002.

Bourdieu, Pierre – *O poder simbólico*. Lisboa: edições 70, 2011.

Brito, José de Sousa e – O que é o direito para o jurista? *Estudos em Homenagem a Miguel Galvão Teles*, I, 27-56. Coimbra: Almedina, 2012.

Cabezas, M. González, Casilhas, S. Martín, & Acuña, S. Aguirre, – Entorno personal de aprendizaje: Una propuesta para desarrollar las competencias digital e informacional en la enseñanza universitaria del derecho en Colombia. Aula, 22(0), 271-287. Museísmo pedagógico, Estudios, 2016.

Campos, João Pedro C. Alves – *Coletânea de Legislação Fundamental de Direito Penal*. Centro de Estudos e Apoio às Reformas Legislativas: Faculdade de Direito de Bissau, 2007.

Carbonnier, Jean – *Sociologie Juridique*. Paris, Armand Colin. Presses Universitaires de France, 1979.

Caron, David D. – Teaching of law must reflect realities of a transnational world. *Financial Times*, 2014.

Carvalho, Daniel Proença de – A justiça como pilar do estado de direito. In Rodrigues, Maria de Lurdes e Silva, Pedro Adão e, *Políticas Públicas em Portugal*, 195-205, ISCTE-IUL e INCM, 2012.

Carrilho, Luís – Comandantes-Gerais e Diretores Nacionais da Polícia de Segurança Pública: 1935-2005. *Politeia*, II (1), 31-59, ICPOL. Coimbra Almedina, 2005.

Castells, Manuel e Ipola, Emílio (1975). *Prática epistemológica e ciências sociais*. Porto: Edições Afrontamento.

Cej – *Violência Doméstica: Implicações sociológicas, psicológicas e jurídicas do fenómeno*. Lisboa: Centro de Estudos Judiciários e CIG, 2016.

Convenção de Istambul, *Convenção do Conselho da Europa para a Prevenção e o Combate à Violência contra as Mulheres e a Violência Doméstica*, adotada em 11 de maio de 2011. Istambul: Conselho da Europa, 2011.

Convenção do Conselho da Europa para a Prevenção e o Combate à Violência Contra as Mulheres e a Violência Doméstica

Costa, Fabrício Veiga, Motta, Ivan Dias e Freitas, Sérgio Henriques Zandona (Org.) – *Desafios do ensino jurídico no século XXI*. Coleção Caminhos Metodológicos do Direito, 1ª edição. Maringá, PR: IDDM, 2018.

Costa, José de Faria – *Noções fundamentais de Direito Penal (Fragmenta Iuris Poenalis) – Introdução*. Coimbra: Coimbra Editora, 2007.

Cotterrell, Roger – The sociological concept of law. *Journal of Law & Society*, 10 (2), 241-255, 1983.

Cotterrell, Roger – Sociology of Law. In: D. Clark (ed.). *Encyclopedia of Law & Society: American and global perspectives*, 1414-1421. Thousand Oaks: Sage Publications, 2007.

Cruz, Joana Carolina R. – *Problemas de concurso na violência doméstica: uma análise da prática judiciária*, dissertação de mestrado em Direito. Lisboa: FDUNL, 2017.

Cruz, Hugo João Silva – *O Curso de Formação de Oficiais de Polícia: a evolução dos planos de estudo (1984-2014)*, CCDP. Lisboa: ISCPSI, 2015.

Cutileiro, José – *A Portuguese Rural Society*. Oxford: Clarendon Press, 1971.

Cutileiro, José – *Ricos e Pobres no Alentejo*. Lisboa: editora Sá da Costa, 1977.

Dancy, Jonathan – *Ethics Without Principles*. Oxford: Clarendon Press, 2004.

Dancy, Jonathan – *Ethics Without Principles*. Oxford Scholarship Online, 2005.

Davies, K. Culp – *Discretionary Justice*. St. Paul Minnesota: West Publishing, 1969.

Descartes, René – *Discurso do Método*. Porto Editora, 1991.

Dias, Augusto Silva – Problemas do Direito Penal numa sociedade multicultural: o chamado infanticídio ritual na Guiné-Bissau. *Revista Portuguesa de Ciência Criminal*, 6 (2), abril-junho, 209-232, 1996.

Dias, Augusto Silva – A responsabilidade criminal do "outro": os crimes culturalmente motivados e a necessidade de uma hermenêutica intercultural. *Julgar*, 25, 95-108, Coimbra Editora, 2015.

Dias, Augusto Silva – *Crimes Culturalmente Motivados – O Direito Penal ante a 'Estranha Multiplicidade' das Sociedades Contemporâneas*, reimpressão 2018. Coimbra: Almedina, 2016.

Dias, Augusto Silva – O multiculturalismo como ponto de encontro entre Direito, Filosofia e Ciências, *in* Beleza, Teresa Pizarro; Caeiro,

Pedro; PINTO, Frederico Costa (Org) – *Multiculturalismo e Direito Penal.* I Encontro Nova-Direito, Lisboa 2012, 15-31, Coimbra: Almedina, 2020.

DIAS, Eurico e POIARES, Nuno – The role of military leadership in the socio-professional configuration of Portuguese police administrative elites. *Revista Militar*, 5, 417-442, 2021.

DIAS, Jorge de Figueiredo – *Direito Penal, Parte Geral. Questões Fundamentais. A Doutrina Geral do Crime*, Tomo I. Coimbra: Coimbra Editora, 2009.

DIAS, Jorge de Figueiredo e ANDRADE, Manuel da Costa – *Criminologia. O Homem Delinquente e a Sociedade Criminógena*, 2ª reimpressão. Coimbra: Coimbra Editora, 1997.

DIREITO, Carlos Alberto Menezes – A reforma do ensino jurídico. *Revista da Ordem dos Advogados do Brasil*: Seção do Estado da Guanabara, 1 (2), 283-293, set./dez., 1974.

D'OLIVEIRA, Teresa – *Teses e dissertações: recomendações para a elaboração e estruturação de trabalhos científicos*. Lisboa: RH Editora, 2002.

DURKHEIM, Émile – *A Divisão do Trabalho Social*, I. Lisboa: Presença, 1893, 1984a.

DURKHEIM, Émile – *As regras do método sociológico*. Lisboa: Presença, 1895, 1984b.

DURKHEIM, Émile – *O Suicídio. Estudo Sociológico*, 7ª edição. Lisboa: Editorial Presença, 1897, 2001.

DWORKIN, Ronald – *Law's Empire*. Cambridge, Mass: The Belknap Press of Harvard University Press, 1986.

EHRLICH, Eugen – *Grundlegung der Soziologie des Rechts*, 1913; Fundamentos da sociologia do direito, trad. brasileira. Brasília: UnB, 1986.

ELIAS, Luís – *A Formação das Polícias nos Estados Pós-Conflito. O caso de Timor-Leste*. Lisboa: Instituto Diplomático, 2006.

ELIAS, Norbert – *O processo civilizacional. Investigações sociogenéticas e psicogenéticas*, 2ª edição. Lisboa: Publicações Dom Quixote, 2006.

ENGISCH, Karl – *Introdução ao pensamento jurídico*, 6ª edição. Lisboa: Calouste Gulbenkian, 1996.

ERICSON, R. – *Reproducing Order: A Study of Police Patrol Work*. Toronto: University of Toronto Press, 1982.

FARIA JÚNIOR, Heleno V. e BRASIL, Deilton R. – A educação como instrumento de promoção dos direitos humanos na atividade policial. *In* COSTA, Fabrício Veiga, MOTTA, Ivan D. e FREITAS, Sérgio H. Zandona (org.) – *Desafios do ensino jurídico no século XXI*, 86-118. Maringá, PR: IDDM, 2018.

FACHADA, C. A. – *Liderança: percepção, formação e socialização no contexto do Ensino Superior Militar*. Dissertação de mestrado em Políticas de Desenvolvimento dos Recursos Humanos. Lisboa: ISCTE-IUL, 2001.

FARIA, Maria Paula Leite Ribeiro – O costume e o direito penal no século XXI. *In* BELEZA, Teresa Pizarro; CAEIRO, Pedro; PINTO, Frederico Costa (Org) – *Multiculturalismo e Direito Penal*, I Encontro Nova-Direito. Lisboa 2012, 115-141. Coimbra: Almedina, 2020.

FELGUEIRAS, Sérgio e PAIS, Lúcia – Police commander's education: a continuous process. *European Police Science and Research Bulletin*, 3, 179-185. Luxembourg: CEPOL, 2017.

FERREIRA, Luís Miguel da Silva Mendes – *Paul Ricoeur: Da Hermenêutica do Mal aos Fundamentos da Justiça*. Tese de doutoramento em Filosofia. Coimbra: Faculdade de Letras da Universidade de Coimbra, 2017.

FERREIRA, Maria Elisabete – *Da Intervenção do Estado na Questão da Violência Conjugal em Portugal*, dissertação de mestrado em Direito, FDUCP. Coimbra: Almedina, 2005.

FONSECA, Victor Cabral – *Desenvolvimento tecnológico e ensino jurídico: novos paradigmas e desafios para a formação do profissional do Direito*, dissertação de mestrado em Direito. São Paulo: Fundação Getúlio Vargas, 2019.

FORTIN, Marie-Fabienne – *O Processo de Investigação da concepção à realização*, 5ª Edição. Loures: Lusociência, 2009.

FOUCAULT, Michel – *Le Courage de la Verité: le gouvernement de soi et des autres II* – Cours au Collège de France (1983-1984). Paris: Seuil, Gallimard, 2009.

FREIRE, Pascoal José de Melo – *Institutionum juris criminalis lusitani...* liber singularis. Ex Typographia Regalis Academiae Scientiarum Olisiponensis, 1794.

GAPP – *Relatório de Inquérito – Levantamento de problemas no Grupo de Alunos do ISCPSI (31º ao 34º CFOP)*, Lisboa: Gabinete de Apoio Psicopedagógico do Corpo de Alunos, ISCPSI, 2018.

GAUDÊNCIO, Ana Margarida Simões – *O Intervalo da Tolerância nas Fronteiras da Juridicidade*, tese de doutoramento em Direito. Coimbra: FDUC, 2012.

GAUER, Ruth M. Chittó – Conhecimento e Aceleração: mito, verdade e tempo. *História das Ideias*, 23. Coimbra: Faculdade de Letras, 2002.

GHIGLIONE, Rodolphe e MATALON, Benjamin – *O Inquérito: teoria e prática*, 4ª edição. Oeiras: Celta Editora, 2001.

GIDDENS, Anthony – *Sociologia*, 7ª edição. Lisboa: Fundação Calouste Gulbenkian, 2009.

GOFFMAN, Erving – *Asylums – Essays on the social situation of mental patients and other inmates*, New York: Anchor Books, 1961.

GOMES, Conceição e ARAÚJO, Raul (Orgs.) – *A luta pela relevância social e política: os tribunais judiciais em Angola. Luanda e Justiça: Pluralismo Jurídico numa sociedade em transformação*, II, CES. Coimbra: Almedina, 2012.

GOMES, Conceição *et al.* – A justiça e de família e menores. In GOMES, Conceição e ARAÚJO, Raul (Orgs.) – *A luta pela relevância social e política: os tribunais judiciais em Angola. Luanda e Justiça: Pluralismo Jurídico numa sociedade em transformação*, II, 235-276. CES. Coimbra: Almedina, 2012.

GUEDES, Agostinho – *O futuro do ensino do Direito: saber de Direito não basta*. Público, 1 de Julho, 2019. Disponível em: https://repositorio.ucp.pt/bitstream/10400.14/30107/1/O%20futuro%20do%20ensino%20do%20Direito.pdf (consultado em 9 de março de 2021)

GUEDES, Armando Marques *et al.* – *Pluralismo e Legitimação: A Edificação Jurídica Pós-Colonial de Angola*, FDUNL. Coimbra: Almedina, 2003.

GUIBENTIF, Pierre – *Sociologia do Direito*. Relatório da cadeira apresentado no âmbito das provas de agregação em Sociologia (policopiado), Lisboa: ISCTE-IUL, 2007.

GHIGLIONE, Robert e MATALON, Benjamin – *O Inquérito: teoria e prática*. Oeiras: Celta Editora, 2001.

GIDDENS, Anthony – *Sociologia*, 7ª edição. Lisboa: Fundação Calouste Gulbenkian, 2009.

GUIGUE, Michèle e BOULIN, Audrey – O internato escolar: limites e paradoxos de uma instituição total. *Educação & Realidade*, 985-1003, 2016.

GRIFFITHS, John – What is Legal Pluralism, *Journal of Legal Pluralism*, 24, 1-55, 1986.

GRODIN, Michael; KOR, Eva Mozes; BENEDICT, Susan – The trial that never happened: Josef Mengele and the twins of Auschwitz – Children of Auschwitz Nazi Deadly Lab Experiments Survivors. *International Journal of Transitional Justice*. Oxford: Oxford University Press, 3-89, 2011.

HABERMAS, Jürgen – Wahrheitstheorien. In H. Fahrenbach (org.), *Wirklichkeit und Reflexion*, 211-265, reimpressão 1984, cap. 2, 1973.

HABERMAS, Jürgen – *Verdade e Justificação. Ensaios filosóficos (Wahrheit und Rechtfertigung: Philosophische Aufsätze)*. São Paulo: Edições Loyola, 2004.

HABERMAS, Jürgen – *Faktizität und Geltung. Beinträge zur Diskurstheorie des Rechts und des demokratischen Rechtsstaats* (Factividade e validade. Contribuições para uma teoria do discurso aplicada ao direito e ao Estado de direito democrático), Frankfurt am main, Suhrkamp, 1992 (tradução inglesa *Between Facts and Norms*, Cambridge, Polity Press, 1996).

HABERMAS, Jürgen e RAWLS, John – *Debate sobre el liberalismo político*. Barcelona: Paidós, 1998.

HAGINO, Córa Hisae – *La enseñanza del derecho en la Universidad de Coimbra, Portugal: un estudio de caso*. Comunicação apresentada ao XI Congresso de Sociologia e Ciência Política, Bilbao, País Basco. Faculdade de Economia da Universidade de Coimbra, 2012.

HARRIS, Angela P. e LEE, Cynthia – Teaching Criminal Law from a Critical Perspective, 7, *George Washington University Law School*, 2009.

HARTMANN, Nicolai – *Les principes d'une métaphysique de la connaissance*, 1. Aubier, 1945.

HAWKINS-LEÓN, Cynthia G. – The Socratic Method-Problem Method Dichotomy: The Debate Over Teaching Method Continues, 1998 *BYU Educ. & L.J.* 1, 1998.

HELD, David; MCGREW, Anthony; GOLDBLATT; David; PERRATON, Jonathan – *Global Transformations: Politics, Economics and Culture*, Stanford University Press, 1999.

HESPANHA, António Manuel – *Pluralismo Jurídico e Direito Democrático: Prospetivas do Direito no Século XXI*. Coimbra: Almedina, 2019.

HESPANHA, António Manuel – Sábios e rústicos: a violência doce da razão jurídica. In *Revista Crítica de Ciências Sociais*, 25/26, 31-60. Coimbra: CES, 1988.

HILL, Manuela Magalhães e HILL, Andrew – *Investigação por questionário*, 2ª edição, Lisboa: edições Sílabo, 2002.

HORTON, Paul B. – *Sociologia*. New York: Mcgraw-Hill, 1980.

HORTON, Paul B. e HUNT, Chester L. – *Sociologia*. Brasil: McGraw-Hill, 1981.

IOCOHAMA, C. H. – *O ensino do Direito e a separação dos eixos teóricos e práticos: inter-relações entre aprendizagem e ação docente*, tese de doutoramento em Educação. São Paulo: Universidade de São Paulo, 2011.

JONES, E., SAMRA, R., & LUCASSEN, M. – The world at their fingertips? The mental wellbeing of online distance-based law students. *The Law Teacher*, 53 (1), 49–69, 2019.

KATZ, Martin J. – Facilitating Better Law Teaching – Now. *Emory Law Journal*, 62 (4), 823-850, 2013.

KAUFMANN, Arthur – *Filosofia do Direito*, prefácio e tradução de António Ulisses Cortês, 5ª edição. Lisboa: Fundação Calouste Gulbenkian, 2014.

KAUFMANN, Arthur e HASSEMER, Winfried (Org.) – *Introdução à Filosofia do Direito e à Teoria do Direito Contemporâneas* (tradução portuguesa), 3ª edição. Lisboa: Fundação Calouste Gulbenkian, 2015.

KELSEN, Hans – *Teoria Pura do Direito*, 2ª edição. Coimbra: Almedina, 2008.

KHAN, Faisal Shahzad e BASHIR, Sobia – The art of teaching law in law schools an overview, *Journal of Law and Society*, vol. XLIX, 73, 31-50, 2018.

KIRCHMANN, Julius Hermann Von – *La jurisprudencia no es ciencia*. 3ª edição Madrid; Civitas, 1983.

KOSTA, Emílio Kafft – *Sistemas de Governo na Lusofonia: zonas e relações de Poder*, reimpressão da edição de 2018, Lisboa: AAFDL Editora, 2019.

LACAN, Jacques – *La science et la verité*. Écrits. Paris: Seuil, 1965.

LEITÃO, José Carlos Bastos – Discricionariedade Policial. *Estudos de Homenagem ao Juiz Conselheiro António Neves Ribeiro*, 569-604. Coimbra: Almedina, 2007.

LEMOS, Inês – *Proteção policial da vítima: avaliação do risco do agressor em cenários de violência doméstica*, dissertação de mestrado em Ciências Policiais, Lisboa: ISCPSI, 2019.

LEITE, Inês Ferreira – Violência doméstica e violência interpessoal: contributos sob a perspetiva do Direito para a racionalização dos meios de prevenção e proteção. *Anatomia do Crime*, 10, 31-66. Lisboa: IDPCC-FDUL, 2020.

LÉVY-BRUHL, Henri – *Sociologia do Direito*. S. Paulo: Martins Fontes Editora, 2000.

LIMA, Marinús Pires – *Inquérito Sociológico: problemas de metodologia*, 4ª edição, Lisboa: editorial Presença, 1995.

LISBOA, Manuel – Violência doméstica e violência contra as mulheres. In *Seminário Prevenção da Violência Doméstica*, 45-49. Lisboa: EMCVD, 2005.

LOURENÇO, Nelson – Violência doméstica e violência contra as mulheres. *Seminário Prevenção da Violência Doméstica*, 27-29. Lisboa: EMCVD, 2005.

LOURENÇO, Nelson e CARVALHO, Maria J. Leote – Violência doméstica: conceito e âmbito. Tipos e espaços de violência – uma primeira aproximação. In *Violência doméstica*, 25-62. Lisboa: PGR e Gabinete da Ministra da Igualdade, 2000.

LUHMANN, Niklas – *Rechtssoziologie*. Hamburg, Rowohlt, 1972.

LYNCH, Michael P. (org.) – *The nature of Truth. Classic and Contemporary Perspectives*. MIT Press, 2001.

MACKIE, John Leslie – *Ethics: Inventing Right and Wrong*. England: Penguin Books, 1977.

MACHADO, Helena – *Manual de Sociologia do Crime*. Porto: Edições Afrontamento, 2008.

MACHADO, Helena e SANTOS, Filipe – *Direito, Justiça e Média: Tópicos de Sociologia*. Porto: Edições Afrontamento, 2011.

MAIA, Rui Leandro (Coord.) – *Dicionário de Sociologia*, Porto: Porto Editora, 2002.

MCGRATH, Cormac, GUNNERSTAD, Annelie, STORR, Christine, e ÖRNBERG, ÅSA – Making the case for virtual law cases: Introducing an innovative way to teach law. *The Law Teacher*, 1-15, 2020.

MELO FILHO, Álvaro – Novos parâmetros educacionais para o curso jurídico. *Revista de informação legislativa*, 34 (136), out.-dez., 1997.

MENDES, Paulo de Sousa – *Lições de Direito Processual Penal*. Coimbra Editora, 2018.

MENDES, Paulo de Sousa – Em defesa do particularismo moral e do pluralismo liberal, em especial no domínio do Direito Penal. BELEZA, Teresa Pizarro; CAEIRO, Pedro; PINTO, Frederico Costa (Org) – *Multiculturalismo e Direito Penal*, I Encontro Nova-Direito. Lisboa 2012, 143-152. Coimbra: Almedina, 2020.

MIAILLE, Michel e FONTAINHA, Fernando de Castro – O ensino do direito na França. *Revista Direito GV*, 6 (1), 59-66. São Paulo, 2010.

MILLS, C. Wright – *The Sociological Imagination*, Oxford University Press, 1959.

MONTE, Mário Ferreira – Da realização integral do direito penal. *In STUDIA IVRIDICA – ARS IVDICANDI* – Estudos de Homenagem ao Prof. Doutor António Castanheira Neves, III. Coimbra: Coimbra Editora, 2003.

MONTE, Mário Ferreira – Multiculturalismo e tutela penal: uma proposta de justiça restaurativa, *in* BELEZA, Teresa Pizarro; CAEIRO, Pedro; PINTO, Frederico Costa (Org) – *Multiculturalismo e Direito Penal*, I Encontro Nova-Direito, Lisboa 2012, 97-113. Coimbra: Almedina, 2020.

MORA, José Ferrater – Ciência. In *Diccionario de Filosofia*. Vol I, 489-495. Madrid: Alianza Editorial, 1981.

MORAIS, Teresa – *Violência doméstica: o reconhecimento jurídico da vítima*. Coimbra: Almedina, 2019.

MORRIS, Robert J. – Globalizing & De--Hermeticizing Legal Education, *BYU Educ. & L. J.* 53. Brigham Young University Education and Law Journal, 2005.

MOURA, R. C. and RAMALHO, N. C., – Adressing emotions in police selection and initial training: a european study. *European Police Science and Research Bulletin*, 16. Luxembourg: CEPOL, Publications Office of the European Union, 119-141, 2017.

MUIREQUETULE, Victor – *Ensino Superior Militar e desenvolvimento de competências de comando e liderança*. Tese de doutoramento em Ciências da Educação. Lisboa: Universidade Católica Portuguesa, 2017.

NEVES, Gonçalo dos Santos – *Olhar para o infinito: a valor do internato na formação do Oficial de Polícia*. Lisboa: Lisbon International Press, 2019.

NEVES, José Pinheiro – Epistemologia. *Dicionário de Sociologia*, 126-128, Porto: Porto Editora, 2002.

NUNES, Adérito Sedas – *Questões preliminares sobre as Ciências Sociais*, 12ª edição. Editorial Presença, 2001.

NUNES, Carlos Casimiro e MOTA, Maria Raquel – O crime de violência doméstica: a alínea b) do nº 1 do art. 152º do Código Penal. *Revista do Ministério Público*, nº 122, abril-junho, 133 e ss., 2010.

ORBEN, Douglas João – Jürgen Habermas e John Rawls: um debate sobre o liberalismo político. *Kínesis*, VIII, 19, Ed. Especial, 1-18, 2016.

P&D FACTOR – *Meninas e Mulheres. Educação, Saúde, Igualdade, Direitos*. Associação para a Cooperação sobre População e Desenvolvimento, s/d.

PALMA, Maria Fernanda – Do sentido histórico do ensino do Direito Penal na Universidade Portuguesa à atual questão metodológica. *Revista Portuguesa de Ciência Criminal*, 9 (3), 351-447. Coimbra: IDPEE, jul./set., 1999a.

PALMA, Maria Fernanda – A Teoria do Crime como Teoria da Decisão Penal. Reflexão sobre o Método e o Ensino do Direito Penal. *Revista Portuguesa de Ciência Criminal*, 9 (4), out./dez., 1999b.

PALMA, Maria Fernanda – *Direito Constitucional Penal*. Coimbra: Almedina, 2011.

PALMA, Maria Fernanda – O argumento criminológico e o princípio da necessidade da pena no juízo de constitucionalidade. *Julgar*, 29, 105-118, Lisboa, 2016.

PALMA, Maria Fernanda – *Arguição da Dissertação de Agregação do Doutor Augusto Silva Dias*, texto não publicado. Lisboa: FDUL, 2017.

PALMA, Maria Fernanda – *Direito Penal: Parte Geral. A teoria geral da infracção como teoria da decisão penal*. Lisboa: AAFDL Editora, 2018.

PALMA, Maria Fernanda – O problema do sistema e o sistema imposto pelo problema na violência doméstica. *Anatomia do Crime. Revista de Ciências Jurídico-Criminais*, 9, 53-57. Lisboa: IDPCC-FDUL, 2019.

PALMA, Maria Fernanda – *Seminário de Investigação de Teoria da Justiça e o Problema da Verdade*, ficha da unidade curricular. Doutoramento em Ciências Jurídico-Criminais, ano letivo 2020-2021. Lisboa: FDUL, 2020.

PALMA, Maria Fernanda – *Direito Penal. Conceito material de crime, princípios e fundamentos. Teoria da lei penal: interpretação, aplicação no tempo, no espaço e quanto às pessoas*, 4ª edição, Lisboa: AAFDL Editora, 2020a.

PALMA, Maria Fernanda – O Advogado e o paradoxo da Justiça como fim da Advocacia. *Temas de Direito e Processo Penal*. Conselho Regional do Porto da Ordem dos Advogados, 2020b. Disponível em: https://www.youtube.com/watch?v=WnCOZVoAZew (consulta em 16.03.2021).

PAYMAL, François – *La construction identitaire de l'élève officier à l' Instituto Superior de Ciências Policiais e Segurança Interna, Ecole supérieure de police portugaise*, dissertação de mestrado em Ciências da Educação. Lisboa: Faculdade de Ciências da Universidade de Lisboa, 2008.

PAULINO, Mauro e VARANDAS, Sandra – *A Psicologia da Pandemia*, 13 de outubro de 2020, *in* https://sicnoticias.pt/especiais/desafios-da-mente/2020-10-13-A-Psicologia-da-Pandemia (consultado em 17 de janeiro de 2021).

PEAIRS, C. A. – Essay on the teaching of law. *Journal of Legal Education*, 12 (3), 323-371. Association of American Law Schools, 1960.

PEIRCE, Charles Sanders – *Truth, Falsity and Error*. Collected Papers, v. 5. Baldwin's Dictionary, 1901.

PEREIRA, Rui Carlos – *Maus tratos, violência doméstica, tráfico de pessoas e a reforma penal*, Intervenções do Parlamento, 2007. Disponível em: https://app.parlamento.pt/violenciadomestica/conteudo/pdfs/intervencoes/RuiPereira.pdf (consultado em 19.07.2021).

PEREIRA, Rui Carlos – Dos crimes cometidos por agentes das forças de segurança no exercício de funções. *Anatomia do Crime*, 11, 11-22. Lisboa: IDPCC-FDUL, 2020.

PIAGET, Jean – *Lógica e Conhecimento Científico*. Porto: livraria Civilização, 1981.

POIARES, Nuno – *Polícia e Direitos Humanos: Multiculturalismo, Género, Saúde Mental e LGBTQIA+*. Coimbra: Edições Almedina, 2023.

POIARES, Nuno – *A Ciência Policial em Portugal: o reconhecimento pela Comunidade Científica Internacional*, Lição Inaugural da Cerimónia de Abertura Solene do Ano Académico 2021-2022. Lisboa: ISCPSI, 2021.

POIARES, Nuno – *A violência doméstica nos PALOP: uma aproximação metodológica ao ensino jurídico-penal em contexto policial e multicultural*, dissertação de mestrado em Direito Penal. Lisboa: FDUL, 2021.

POIARES, Nuno – Violência doméstica e redes sociais: a proteção jurídico-penal da vida privada na internet. *Cyberlaw*, 10ª edição. Lisboa: CIJIC-FDUL, 2020.

POIARES, Nuno – Violência doméstica e atividade policial. *Anatomia do Crime. Revista de Ciências Jurídico-Criminais*, 9, 59-75. Lisboa: IDPCC-FDUL, 2019.

POIARES, Nuno e DIAS, Eurico – Igreja Católica e Direito Criminal: uma abordagem sociológica ao Código Penal Português (1886). *REVER – Revista de Estudos da Religião*, 311-329, 19 (3), set.-dez. São Paulo: PUC e UCP, 2019.

POIARES, Nuno – *A letra e os espíritos da lei. A violência doméstica em Portugal*. Lisboa: Chiado Editora, 2016.

POIARES, Nuno – *Políticas de segurança e as dimensões simbólicas da lei: o caso da violência doméstica em Portugal*, tese de doutoramento, Lisboa: ISCTE, 2014.

PIKE, Kenneth L. – *Language in Relation to a Unified Theory of the Structure of Human Behavior*. Dallas, USA: Summer Institute of Linguistics, 1954.

PUE, W. Wesley – Educating the Total Jurist?, 8, *Journal of Legal Ethics*, 208. Allard School of Law at the University of British Columbia, 2016.

PUGLIESI, Márcio – *O ensino do direito como prática transformadora*, tese de doutoramento em Educação. São Paulo: Pontifícia Universidade Católica, 2011.

PYWELL, Stephanie M. – Bridging the gap: Online materials to equip graduate entrants to a law degree with essential subject knowledge and skills. *The Law Teacher*, 52(2), 154-170, 2018.

QUIVY, Raymond e CAMPENHOUDT, Luc Van – *Manual de Investigação em Ciências Sociais*, 2ª edição. Lisboa: Gradiva, 1998.

RAJ, Senthorun – Teaching feeling: Bringing emotion into the law school. *The Law Teacher*, 1-15, 2020.

RAMOS, Francisco Martins – Vila Velha, Cutileiro e o Efeito Rashomon. In SILVA, A. (Direção), *Economia e Sociologia*, 49, 71-79, Évora: ISES, 1990.

RAWLS, John – *A Theory of Justice*, edição revista da versão de 1972. Cambridge, Massachusetts: The Belknap Press of Harvard University Press, 1999.

RAZ, Joseph – *The Morality of Freedom*. Oxford: Claredon Press, 1986.

RICOEUR, Paul – *O justo ou a essência da justiça* (trad. port.), Instituto Piaget, 1997.

ROULAND, Nortbert – *Legal Anthropology*. Stanford: Stanford University Press, 1988.

ROVISCO, Maria e NOWICKA, Magdalena (ed.) – *The Ashgate Research Companion to Cosmopolitanism*. Reino Unido: Routledge, 2011.

SALGADO, Catarina – *Do regime jurídico da violência doméstica praticada contra a mulher no direito penal moçambicano – algumas considerações*. Comunicação apresentada na palestra proferida em 31 de março de 2010, no âmbito da lecionação da disciplina de Direito Penal Especial. Beira: Unizambeze, 2010.

SANADA, Elizabeth dos Reis – A 'Verdade' da Ciência a partir de uma leitura psicanalítica. *Psicologia*, 15, 183-194. USP, 2004.

SANI, Ana e MORAIS, Cristina – A polícia no apoio às vítimas de violência de doméstica: estudo exploratório com polícias e vítimas. *Direito e Democracia*, v.16, n.1, jan./jun., 5-18, 2015.

SANTO, Paula do Espírito – *Introdução à Metodologia das Ciências Sociais*, 2ª edição. Lisboa: Edições Sílabo, 2015.

SANTOS, Boaventura de Sousa – *Introdução a uma Ciência Pós-Moderna*. Porto: Edições Afrontamento, 1990.

SANTOS, Boaventura de Sousa – *Um discurso sobre as Ciências Sociais*. Porto: Edições Afrontamento, 2002a.

SANTOS, Boaventura de Sousa – *Toward a New Legal Common Sense. Law, Globalization, and Emancipation*. Londres: Butterworths, 2002b.

SANTOS, Boaventura de Sousa (Org.) – *Conhecimento Prudente para uma Vida Decente: "Um discurso sobre as Ciências" revisitado*. Porto: Edições Afrontamento, 2003.

SANTOS, Boaventura de Sousa – *Sociología jurídica crítica: para un nuevo sentido común en el derecho*. Bogotá: ILSA, 2009.

SANTOS, Lúcio Barreiros – *Subsídio para um referencial de competências destinado ao exercício de liderança no contexto das Forças Armadas portuguesas*. Lisboa: Instituto de Estudos Superiores Militares, 2014.

SANTOS, Ricardo – *A verdade de um ponto de vista lógico-semântico*. Lisboa: Fundação Calouste Gulbenkian, 2003.

SARAIVA, Arnaldo – *Vergílio Ferreira, Seminarista nos Seminários do Fundão e da Guarda*. Porto: Exclamação, 2017.

SCHANTZ, Richard (org.) – *What is Truth? (Current Issues in Theoretical Philosophy 1)*. Berlim: Walter de Gruyter, 2002.

SHULMAN, Lee S. – *The Wisdom of Practice: essays on teaching, learning, and learning to teach*. San Francisco: Jossey-Bass, 2004.

SILVA, Augusto Santos – A ruptura com o senso comum nas ciências sociais. *Metodologia das Ciências Sociais*, 11ª ed., 29-53. Porto: Edições Afrontamento, 1986.

SIMON, Jonathan – TEACHING CRIMINAL LAW IN AN ERA OF GOVERNING THROUGH CRIME. *Saint Louis University Law Journal*, 1313-1336, 2003.

SIMON, Pierre Jean – *História da Sociologia*. Porto: Rés-Editora, 1994.

TASLITZ, Andrew E. – Strategies and Techniques for Teaching Criminal Law. New York: *Wolters Kluwer Law & Business*, 2019.

TEIXEIRA, Glória – *O ensino do Direito em Portugal*, in: Porto Editora, fevereiro de 2013, https://www.portoeditora.pt/sites/ensino-direito-portugal (consultado em 7 de março de 2021).

TOLEDO, Cláudia M. Queda – *O ensino jurídico no Brasil e o estado democrático de direito: análise crítica do ensino do direito penal*, dissertação de Mestrado em Direito. Pontifícia Universidade Católica de São Paulo, 2008.

TRINDADE, Jorge – Posfácio. In NUNES, L. M; SANI, A.; ESTRADA, R.; *et al.* (Coord.), *Crime e Segurança nas Cidades Contemporâneas*, 191-196. Porto: Fronteira do Caos Editores, 2017.

VALA, Jorge – A análise de conteúdo. SILVA, Augusto S. e PINTO, José M. (Orgs.), *Metodologia das Ciências Sociais*, 11ª ed. Porto: Edições Afrontamento, 1986.

VALENTE, Manuel – *Direito Penal: fundamentos político-criminais*. Lisboa: edição de autor, 2017.

VALENTE, Manuel. (28 de dezembro de 2012). *Força, tiro e Eça: assim se forma um oficial*. (J. Dias, Entrevistador). *In* https://www.publico.pt/2012/12/28/jornal/forca-tiro-eeca-assim-se-forma-um-oficial-25814517 (consulta em 6 de março de 2021).

VALERIANO, João – *Reflexões Jurídico-Políticas sobre o princípio da igualdade, o direito à saúde, os direitos sociais e a responsabilidade civil da Administração Pública – os casos de Angola, Brasil e Portugal.* Lisboa: AAFDL Editora, 2019.

VILALVA, Adriana Mallmann – *O conhecimento pedagógico do conteúdo (PCK) no ensino do direito: um estudo exploratório*, Mestrado em Educação. Santos, SP: Universidade Católica de Santos, 2017.

VAN BROECK, Jeroen – Cultural defence and culturally motivated crimes (cultural offences), *European Journal of Crime, Criminal Law and Criminal Justice*, 9 (1), 2001.

WEINREB, Lloyd L. – Teaching Criminal Law, 7, 279-291. *Ohio State Journal of Criminal Law*, 2009.

WOLKMER, António C. – Pluralismo jurídico, direitos humanos e interculturalidade. *Revista Sequência*, 53, 113-128, 2006.

WRIGHT, Crispin – Truh in Ethics. In Brad Hooker (org.), *Truth in Ethics*, 1-18. Oxford, Cambridge, 1996.

XXII Governo Constitucional – *Manual de Atuação a adotar pelos OPC nas 72 horas subsequentes à apresentação de denúncia por maus-tratos cometidos em contexto de violência doméstica.* Resolução do Conselho de Ministros nº 139/2019, de 19 de agosto. Secretária de Estado para a Cidadania e Igualdade, 2020a.

XXII Governo Constitucional – *Guia de Intervenção Integrada junto de crianças ou jovens vítimas de violência doméstica.* Secretária de Estado para a Cidadania e Igualdade, 2020b.

XXII Governo Constitucional – *Plano Anual de Formação Conjunta: Violência contra as Mulheres e Violência Doméstica.* Secretária de Estado para a Cidadania e Igualdade, 2020c.

XXII Governo Constitucional – *Guia de requisitos mínimos para programas e projetos de prevenção primária da violência contra as mulheres e violência doméstica.* Secretária de Estado para a Cidadania e Igualdade, 2020d.

Legislação de Angola

Constituição da República de Angola (2010).

Código Penal Angolano, aprovado pela Lei nº 38/2020, de 11 de novembro.

Código de Processo Penal Angolano, aprovado pela Lei nº 39/2020, de 11 de novembro.

Lei nº 25/2011, de 14 de julho de 2011 – estabelece o regime jurídico de prevenção da violência doméstica, de proteção e de assistência às vítimas.

Legislação de Cabo Verde

Constituição da República de Cabo Verde, aprovada pela lei constitucional nº 1/IV/92, de 25 de setembro.

Lei Contra a Violência Baseada no Género, aprovada pela Lei nº 84/VII/2011, de 10 de janeiro.

Código Penal, aprovado pelo Decreto Legislativo nº 4/2003, de 18 de novembro.

Legislação da Guiné-Bissau

Constituição da República da Guiné Bissau (1996).

Lei nº 12/2014, aprovada pela Assembleia Nacional Popular da Guiné Bissau, no dia 18 de julho de 2013.

Código Penal da Guiné Bissau, aprovado pelo Decreto-Lei nº 4/93, de 13 de outubro, com as alterações introduzidas pela Lei nº 2/2002, de 27 de maio e pelo art. 13º da Lei nº 7/97, de 2 de dezembro.

Legislação de Moçambique

Constituição da República de Moçambique (2004).

Código Penal de Moçambique, aprovado pela Lei nº 24/2019, de 24 de dezembro.

Lei nº 29/2009, de 29 de setembro – Lei Sobre a VD Praticada Contra a Mulher.

Legislação de Portugal

Aviso nº 8826/2019, de 8 de maio. Diário da República, 2ª Série, nº 98/2019, de 22 de maio. MAI.

Constituição da República Portuguesa – aprovada pela Assembleia Constituinte em 2 de abril de 1976.

Decreto-Lei nº 400/82, de 23 de setembro – aprova o Código Penal.

Decreto-Lei nº 423/82, de 15 de outubro. Diário da República nº 239, Série I, MAI.

Decreto-Lei nº 288/83, de 22 de junho. Diário da República nº 141/1983, Série I, MAI.

Decreto-Lei nº 129-B/84, de 27 de abril. DR nº 98/1984, Série I. Lisboa: Presidência do Conselho de Ministros e Ministérios da Administração Interna, das Finanças e do Plano e da Educação.

Decreto-Lei nº 151/1985, de 9 de maio – Aprova o Estatuto da PSP.

Decreto-Lei nº 104/86, de 19 de maio. Diário da República nº 114/1986, Série I. MAI.

Decreto-Lei nº 318/86, de 25 de setembro. Diário da República nº 221/1986, Série I. MAI.

Decreto-Lei nº 43/93, de 20 de fevereiro. DR nº 285/1993, Série I-A. MAI.

Decreto-Lei nº 402/93, de 7 de dezembro. DR nº 43/1993, Série I-A. MAI.

Decreto-Lei nº 321/94, de 29 de dezembro – Aprova a Lei Orgânica da PSP.

Decreto-Lei nº 48/95, de 15 de março. DR nº 63/1995, Série I-A de 1995-03-15.

Decreto-Lei nº 2-A/96, de 13 de janeiro.

Decreto-Lei nº 74/2006, de 24 de março, alterado pelo Decreto-Lei nº 107/2008, de 25 de junho; e pelo Decreto-Lei nº 230/2009, de 14 de setembro.

Decreto-Lei nº 275/2009, de 2 de outubro. Diário da República nº 192/2009, I. MAI.

Decreto-Lei nº 243/2015, de 19 de outubro. Diário da República nº 204/2015, I. MAI.

Decreto-Lei nº 65/2018 de 16 de agosto. DR nº 157/2018, Série I de 2018-08-16.

Despacho do Ministro da Administração Interna, de 19 de junho de 1989. Diário da República nº 153, II Série, em 06 de julho de 1989.

Despacho nº 11718-A/2020, de 24 de novembro do Gabinete do MAI.

Lei nº 33/98, de 18 de julho, alterada pelo Decreto-Lei nº 32/2019, de 4 de março, em conjugação com o Decreto-Lei nº 101/2018, de 29 de novembro.

Lei nº 5/99, de 27 de janeiro. Diário da República nº 22/1999, Série I-A. A.R.

Lei nº 7/2000, 27 de maio: reforça as medidas de proteção a pessoas vítimas de violência.

Lei nº 17/2006, de 23 de maio: aprova a Lei-Quadro da Política Criminal.

Lei nº 53/2007, de 31 de agosto. DR nº 168/2007, Série I. Assembleia da República.

Lei nº 59/2007, 4 de setembro: 23ª alteração ao Código Penal.
Lei nº 62/2007, de 10 de setembro. DR nº 174/2007, Série I. Assembleia da República.
Lei nº 112/2009, de 16 de setembro, alterada pela Lei nº 19/2013, de 21 de fevereiro; a Retificação nº 15/2013, de 19 de março; a Lei nº 82-B/2014, 31 de dez.; a Lei nº 129/2015, de 3 de setembro; a Lei nº 42/2016, de 28 de dezembro; e a Lei nº 24/2017, de 24 de maio.
Lei nº 19/2013, de 21 de fevereiro: 1ª alteração à Lei nº 112/2009, de 16 de setembro.
Lei nº 44/2018, de 9 de agosto: 46ª alteração ao Código Penal.
Lei nº 55/2020, de 28 de agosto: define os objetivos, prioridades e orientações de política criminal para o biénio de 2020-2022.
Portaria nº 298/94, de 18 de maio. Diário da República nº 115/1994, Série I-B. Ministérios da Administração Interna e da Educação.
Portaria nº 101/95, de 2 de fevereiro. Diário da República nº 28/1995 - Série I-B. Ministérios da Administração Interna e da Educação.
Portaria nº 937/2000, de 30 de junho. Diário da República nº 149/2000 - Série II. MAI.
Portaria nº 230/2010, de 26 de abril. Diário da República nº 80/2010 - Série I. MAI.
Plano Estratégico do ISCPSI 2017-2020, de 25 de janeiro. Lisboa: ISCPSI.
I PNCVD (1999-2002), Resolução do Conselho de Ministros nº 55/99, de 15 de junho;
II PNCVD (2003-2006), Resolução do Conselho de Ministros nº 55/99, de 15 de junho.
III PNCVD (2007-2010), Resolução do Conselho de Ministros nº 83/2007, de 22 de junho.
IV PNCVD (2011-2013), aprovado pela Resolução do Conselho de Ministros nº 100/2010, 17 de dezembro.
V PNCVD (2014-17), aprovado pela Resolução do Conselho de Ministros nº 102/2013, de 31 de dezembro.
Resolução do Conselho de Ministros nº 37/2002, de 7 de fevereiro. Diário da República nº 50/2002, Série I – B. Presidência do Conselho de Ministros.
Resolução da Assembleia da República nº 4/2013, de 21 de janeiro – aprova a Convenção do Conselho da Europa para a Prevenção e o Combate à Violência contra as Mulheres e a Violência Doméstica, adotada em Istambul, a 11 de maio de 2011.

Jurisprudência Portuguesa

Ac. do STJ de 17 de outubro de 1996, Acs. STJ, IV, t. 3, p. 170.
Ac. do STJ de 24 de abril de 2006 (Processo nº 06P975).
Ac. do TRL de 27 de fevereiro de 2008 (Processo nº 1702/2008-3).
Ac. do TRG de 10 de setembro de 2012 (Processo nº 1011/11.6GBBCL.G1).
Ac. do TRC de 27 de fevereiro de 2013 (Processo nº 83/12.0GCGRD.C1).
Ac. do TRE de 1 de outubro de 2013 (Processo nº 258/11.0GAOLH.E1).
Ac. do TRG de 15 de outubro de 2012 (Processo nº 639/08.6GBFLG.G1).
Ac. do TRG de 10 de julho de 2014 (Processo nº 591/11.0PBGMR-G1).
Ac. do TRP de 10 de setembro de 2014 (Processo nº 648/12.0PIVNG.P1).
Ac. do TRP de 8 de outubro de 2014 (Processo nº 956/10.5PJPRT.P1).

Ac. do TRE de 20 de janeiro de 2015 (Processo nº 228/13.3TASTR.E1).
Ac. do TRP de 7 de julho de 2016 (Processo nº 18/15.9GAPRD.P1).
Ac. do TRP de 12 de outubro de 2016 (Processo nº 2255/15.7T9PRT.P1).
Ac. do TRG de 6 de fevereiro de 2017 (Processo nº 201/16.06GBBCL.G1).
Ac. do TRL de 1 de junho 2017 (Processo nº 3/16.0PAPST.L1-9).
Ac. do TRE de 26 de setembro de 2017 (Processo nº 518/14.8PCSTB.E1).
Ac. do TRC de 10 de janeiro de 2018 (Processo nº 1641/16.0T9VIS.C1).
Ac. do TRG de 4 de junho de 2018 (Processo nº 121/15.5GAVFL.G1).

Legislação de São Tomé e Príncipe

Constituição da República Democrática de São Tomé e Príncipe (2003).
Lei nº 11/2008, de 29 de outubro.
Lei nº 12/2008, de 29 de outubro.
Lei nº 6/2012, de 6 de agosto – Código Penal de São Tomé e Príncipe.

Apêndices
Guião do Inquérito

O presente estudo surge no âmbito do Curso de Mestrado em Direito e Prática Jurídica, especialidade de Direito Penal, da Faculdade de Direito da Universidade de Lisboa, sob a orientação científica da Senhora Professora Catedrática Doutora Maria Fernanda Palma, subordinado ao tema *A violência doméstica nos países africanos de língua oficial portuguesa: uma aproximação metodológica ao ensino jurídico-penal em contexto policial e multicultural.*

O objeto de estudo é cientificamente relevante pois pretende-se abordar um tema inserido no quadro da prática jurídico-penal e que contribua para o conhecimento relativamente ao diálogo entre o Direito Penal e o ensino superior policial em Portugal, num contexto multicultural, *maxime* o curso superior de ciências policiais, ministrado desde 1984 na Escola Superior de Polícia, atual Instituto Superior de Ciências Policiais e Segurança Interna.

Assim, pretendemos responder à seguinte pergunta de investigação: o ensino do Direito Penal na formação universitária dos futuros oficiais de polícia provenientes dos Países Africanos de Língua Oficial Portuguesa, corresponde às necessidades da prática policial nos seus países de origem?

Pelo exposto, entendemos que é pertinente responder à pergunta de investigação à luz do estudo de caso da violência doméstica (VD), através do aprofundamento das seguintes questões derivadas:

1) A legitimidade de um país para influenciar outras culturas
2) O ensino policial (*e.g.* violência doméstica) em contextos multiculturais
3) A relação da polícia nas sociedades africanas e ocidentais

4) A influência do ensino português nas práticas policiais nos países cooperantes
5) O pluralismo jurídico e as relações entre a Sociologia e o Direito Penal
6) A eventual necessidade de equipas docentes multidisciplinares
7) A relevância do ensino dos direitos humanos nas sociedades africanas
8) A tolerância cultural face ao crime, *maxime* a violência doméstica

Para esse efeito, entendeu-se que, devido ao atual contexto pandémico, a aplicação deste inquérito por questionário é a opção mais adequada em função dos objetivos do estudo.

Muito obrigado pela sua importante colaboração!

APÊNDICE A
Inquérito por questionário
Guião para Informantes Alunos do ISCPSI

Data de preenchimento do Inquérito: ___ / janeiro de 2021

Nome (opcional):

Idade:

Sexo:

Naturalidade:

Ano curricular do CFOP:

Período em que frequentou o ISCPSI:

Habilitações anteriores ao CFOP:

Funções exercidas no país de origem:

***

1. No início do curso sentiu dificuldades de integração à cultura académica, às matérias lecionadas e/ou à organização do curso do ISCPSI? Justifique.
2. Durante os cinco anos do curso do ISCPSI sentiu dificuldades relativamente aos conteúdos académicos, o estudo do ordenamento jurídico português ou outras dificuldades relevantes?
3. Entende que a formação do ISCPSI, em particular o ensino do Direito Penal, é adequada às necessidades do seu futuro profissional no seu país?
4. Entende que vai sentir alguma dificuldade em aplicar os princípios e valores assimilados, aquando do estudo do Direito, em particular no âmbito do Direito Penal e dos Direitos Humanos, no curso superior de polícia na Europa (Portugal), no seu futuro mandato profissional?
5. Como é que é tratada a VD no seu país? Existe o crime de VD? Existe uma visão diferenciada, por parte dos cidadãos, em função das diversas regiões? Esclareça.
6. O crime de violência doméstica, no seu país, é um crime de natureza pública?
7. Entende que faz sentido que o crime de VD obrigue a intervenção do Estado?

8. Como é que o crime de violência doméstica é tratado, em termos legais, pela Polícia no seu País?

9. No seu país entende que a dimensão cultural ainda limita a aplicação da dimensão legal, no que diz respeito à VD?

10. Entende que o modelo europeu de formação jurídica é desajustado para os alunos provenientes dos países cooperantes? Justifique.

11. Entende que um cidadão proveniente dos países cooperantes, diplomado em Portugal, sente dificuldades em aplicar os princípios e valores assimilados no âmbito do Direito Penal e dos Direitos Humanos, mais tarde no seu mandato profissional no seu país?

12. Propõe alguma alteração ao curso e ao método de ensino no ISCPSI em função das necessidades dos alunos cooperantes?

13. Outros aspetos relevantes que queira transmitir.

APÊNDICE B
Inquérito por questionário
Guião para Informantes ex-alunos do ISCPSI

Data de preenchimento do Inquérito: ___ / janeiro de 2021
Nome (opcional):
Idade:
Sexo:
Naturalidade/localidade e País:
Período em que frequentou o ISCPSI:
Habilitações anteriores ao curso do ISCPSI:
Funções exercidas no país de origem:
Cargo atual:

***

1. No início do curso sentiu dificuldades de integração à cultura académica, às matérias lecionadas e/ou à organização do curso do ISCPSI? Justifique.

2. Durante o curso do ISCPSI sentiu dificuldades relativamente aos conteúdos académicos, o estudo do ordenamento jurídico português ou outras dificuldades relevantes? Esclareça.

3. Entende que a formação do ISCPSI, em particular o ensino do Direito Penal, foi adequada às necessidades do seu futuro profissional no seu país?

4. Entende que sentiu (ou sente) alguma dificuldade em aplicar os princípios e valores assimilados, aquando do estudo do Direito, em particular no âmbito do Direito Penal e dos Direitos Humanos, no seu atual mandato profissional?

5. Como é que é tratada a VD no seu país? Existe o crime de VD? Existe uma visão diferenciada, por parte dos cidadãos, em função das diversas regiões? Esclareça.

6. O crime de violência doméstica (VD), no seu país, é um crime de natureza pública?

7. Entende que faz sentido que o crime de VD obrigue a intervenção do Estado?

8. Como é que o crime de violência doméstica é tratado, em termos legais, pela Polícia no seu País?

9. No seu país entende que a dimensão cultural ainda limita a aplicação da dimensão legal, no que diz respeito à VD?

10. Entende que o modelo europeu de formação jurídica é desajustado para os alunos provenientes dos países cooperantes? Justifique.

11. Entende que um cidadão proveniente dos países cooperantes, diplomado em Portugal, sente dificuldades em aplicar os princípios e valores assimilados no âmbito do Direito Penal e dos Direitos Humanos, mais tarde, no mandato profissional no seu país?

12. Propõe alguma alteração ao curso e ao método de ensino no ISCPSI em função das necessidades dos alunos cooperantes?

13. Outros aspetos relevantes que queira transmitir.

APÊNDICE C
Inquérito por questionário
Guião para Informantes Professores

Data de preenchimento do Inquérito: ___ / julho de 2021
Informante privilegiado(a): Professor(a) ____________________________

***

1. Em que anos letivos e que unidades curriculares lecionou no ISCPSI?
2. Entende que a metodologia da formação ministrada no ISCPSI (docentes portugueses, conteúdos, duração, ligação entre a abstração/teoria e a prática, estágio em Portugal, etc.), em particular o ensino do Direito Penal, é adequada para a formação dos futuros oficiais dos PALOP?
3. No ensino jurídico existe (ou não) um *ponto fixo* (*e.g.* dignidade da pessoa humana) que não pode ceder face ao multiculturalismo? Ou seja, entende que pode existir (ou não) uma absorção (ou aceitação moderada ou até radical – cosmopolitismo *versus* multiculturalismo) da realidade cultural no ensino policial?
4. Entende que um aluno dos PALOP sente dificuldades em aplicar mais tarde, no mandato profissional no seu país, os princípios e valores assimilados no âmbito do Direito Penal e dos Direitos Humanos em Portugal (Europa) face à realidade cultural, levando-o, inclusivamente, a um determinado grau de adesão/aceitação de práticas reprováveis na Europa?
5. Entende que o ISCPSI devia desenvolver alguma(s) alteração(ções) no modo como se ensina o Direito, em particular o Direito Penal, dirigido aos alunos oriundos dos PALOP?
6. Outros aspetos relevantes que queira transmitir neste contexto.

APÊNDICE D
Análise das fichas da(s) unidade(s) curricular(es) de Direito Penal 1984-2021

Ano letivo	Unidade Curricular	Professor(a)	Conteúdos do Programa
1984-1985 1985-1986	**Direito Criminal** 90 h. – 3º ano – Anual 90 h. – 4º ano – Anual	Não havia alunos no 3º e 4º ano	➢ Programa previsto no Plano de Estudos do CFOP aprovado pela Portaria nº 261/84, de 24 de abril
1986-1987 1987-1988 1988-1989	**Direito Criminal** 90 h. – 3º ano – Anual	Dr. Joaquim Marques Borges (magistrado judicial)	➢ Programa muito mais "curto" do que a FUC 1996-2006, mas tem como aspeto diferenciador a abordagem aos crimes de associação criminosa e crimes terroristas ➢ Parte geral da infração penal ➢ Parte especial da infração penal (não há qualquer menção à Polícia)
1989-1990	**Direito Penal** 90 h. – 3º ano – Anual	Dr. Joaquim Marques Borges (magistrado judicial)	FUC 1986-1996 "Programa Marques Borges"
1990-1991	**Direito Penal** 90 h. – 3º ano – Anual	Dr. Joaquim Marques Borges (magistrado judicial)	FUC 1986-1996
1991-1992	**Direito Penal** 90 h. – 3º ano – Anual	Dr. Joaquim Marques Borges (magistrado judicial)	FUC 1986-1996
1992-1993	**Direito Penal** 90 h. – 3º ano – Anual	Dr. Marques Ferreira (magistrado judicial)	FUC 1986-1996
1993-1994	**Direito Penal** 90 h. – 3º ano – Anual	Dr. Joaquim Marques Borges (magistrado judicial)	FUC 1986-1996
1994-1995 1995-1996	**Direito Penal e Direito da Mera Ordenação Social** 90 h. – 2º ano – Anual	Dr. Pedro Mourão (magistrado judicial)	FUC 1986-1996

<table>
<tr>
<td>1996-1997
1997-1998
1998-1999
1999-2000</td>
<td>Direito Penal
90 h. - 2º ano - Anual</td>
<td>Drª Filipa Macedo
(magistrada judicial)</td>
<td>Programa mais detalhado do que a FUC de 1986-1996
➢ A CRP e o Direito Penal
➢ O DP e outros ramos do Direito
➢ Conceito de Direito Penal
➢ DP, contraordenações e transgressões
➢ Fontes e Princípios de DP
➢ O facto (ação e omissão; dolo e negligência; nexo de causalidade)
➢ Formas de crime (autoria, cumplicidade, atos preparatórios, tentativa)
➢ Causas que excluem a ilicitude e a culpa
➢ As penas e sua escolha e medida
➢ Medidas de Segurança
➢ Responsabilidade criminal
➢ Perda de coisas ou direitos relacionados com o crime
➢ Indemnizações de perdas e danos por crime
➢ Crimes contra as pessoas, contra os valores e interesses da vida em sociedade; crimes contra o património; crimes contra o Estado.
➢ Legislação sobre estupefacientes
➢ Crime de cheque sem provisão.
(não há qualquer menção à Polícia)</td>
</tr>
<tr>
<td>2000-2001</td>
<td>Direito Penal
90 h. - 2º ano - Anual</td>
<td>Dr. José Lobo Moutinho
(advogado/professor universitário)</td>
<td>FUC 1996-2006
“Programa Filipa Macedo”</td>
</tr>
</table>

2001-2002	**Direito Penal** 90 h. - 2º ano - Anual	Dr. Marques Ferreira (magistrado judicial)	FUC 1996-2006
2002-2003 2003-2004	**Direito Penal** 90 h. - 2º ano - Anual	Dr. David Catana (Advogado)	FUC 1996-2006
2003-2004 2004-2005	**Direito Penal** 90 h. - 2º ano - Anual	Prof. Rui Carlos Pereira (professor universitário)	FUC 1996-2006
2005-2006	**Direito Penal** 90 h. - 2º ano - Anual	Prof. Rui Carlos Pereira (professor universitário) e Dr. João António Costa Andrade (Assistente)	FUC 1996-2006
2006-2007 2007-2008 2008-2009 2009-2010 2010-2011 2011-2012 2012-2013 2013-2014	**Direito Penal e Direito da Mera Ordenação Social I** 60 h. - 2º ano - Semestral	Mestre Maria Manuela Fernandes Barata Valadão e Silveira (Assistente Convidada)	➢ Delimitação do âmbito do direito penal substantivo ➢ Conceito material de crime ➢ Os bens jurídicos a proteger pelo direito penal e o quadro constitucional de valores; a CRP e os princípios de direito penal em geral ➢ A natureza pública do direito penal ➢ As espécies e os fins das penas ➢ As medidas de segurança ➢ Fontes do Direito Penal ➢ O Direito de mera ordenação social ➢ Conceito material de contraordenação ➢ As autoridades fiscalizadoras

2006-2007 2007-2008 2008-2009 2009-2010 2010-2011 2011-2012 2012-2013 2013-2014	**Direito Penal e Direito da Mera Ordenação Social I** 60 h. - 2º ano - Semestral	Mestre Maria Manuela Fernandes Barata Valadão e Silveira (Assistente Convidada)	➢ As sanções nas contraordenações ➢ A lei penal no tempo e no espaço ➢ A lei substantiva das contraordenações ➢ A teoria geral da infracção (não há qualquer menção à Polícia)
2006-2007 2007-2008 2008-2009 2009-2010 2010-2011 2011-2012 2012-2013 2013-2014	**Direito Penal e Direito da Mera Ordenação Social II** 60 h. - 2º ano - Semestral	Mestre Maria Manuela Fernandes Barata Valadão e Silveira (Assistente Convidada)	➢ A parte especial do Código Penal ➢ Crimes contras as pessoas (crimes contra a vida autónoma ou formada; crimes contra a vida intra-uterina; crimes contra a integridade física; crimes contra a liberdade pessoal e contra a liberdade e autodeterminação sexual) ➢ Crimes contra o património ➢ Crimes contra a vida em sociedade ➢ Crimes contra o Estado ➢ Contraordenações em especial (não há qualquer menção à Polícia)
2014-2015 2015-2016 2016-2017 2017-2018	**Direito Penal e Direito da Mera Ordenação Social I** 60 h. - 2º ano - Semestral	Professora Catedrática Doutora Maria Fernanda Palma e Professor Catedrático Convidado Rui Carlos Pereira	➢ Conceito formal e material de crime, e distinção do ilícito disciplinar, civil e de mera ordenação social ➢ Fins das penas ➢ Conhecer os princípios de constitucionais de Direito Penal; as regras de aplica-

2014-2015 2015-2016 2016-2017 2017-2018	**Direito Penal e Direito da Mera Ordenação Social I** 60 h. - 2º ano - Semestral	Professora Catedrática Doutora Maria Fernanda Palma e Professor Catedrático Convidado Rui Carlos Pereira	ção da lei penal no tempo e no espaço, as imunidades, princípios sobre a extradição e a cooperação penal internacional. ➢ Compreender a importância destes conhecimentos na **ação dos órgãos e autoridades de polícia criminal**
2014-2015 2015-2016 2016-2017 2017-2018	**Direito Penal e Direito da Mera Ordenação Social II** 60 h. - 2º ano - Semestral	Profª Catedrática Doutora Maria Fernanda Palma e Professor Catedrático Convidado Rui Carlos Pereira	➢ A teoria geral do crime como método de decisão de casos, tomando em conta **problemas específicos da atuação policial**. ➢ Compreensão dos princípios e critérios de Estado de Direito no âmbito do Direito Penal. ➢ Tipicidade, imputação objectiva (causalidade) e subjectiva (dolo e negligência) ➢ Qualificação dos crimes, concurso de crimes, comparticipação criminosa, omissão e tentativa. ➢ Compreensão do sistema de penas e medidas de segurança. ➢ Tipos de crimes ➢ O Direito de Ordenação Social
2018-2019 2019-2020 2020-2021	**Direito Penal I** 30 h. - 2º ano - Semestral	Profª Catedrática Doutora Maria Fernanda Palma e Professor Catedrático Convidado Rui Carlos Pereira	➢ Conceito formal e material de crime, e distinção do ilícito disciplinar, civil e de mera ordenação social